プロ野球
問題だらけの選手選び

あの有名選手の入団前・入団後

小関順二・著
Junji Koseki

草思社

まえがき

『プロ野球　問題だらけの12球団』がはじめて世に出たのは2000年3月下旬。まさか19年後にシリーズ20冊目となる『2019年版　プロ野球　問題だらけの12球団』が刊行されるとは思わなかった。

このシリーズ20冊の中で私が何を予見し何を見逃したのか検証することによってプロ野球の未来に思いをいたす、それが本書を著そうと思った大きな理由である。

『プロ野球　問題だらけの12球団』は今年度版なら巻頭の特集ページを経て、前年の日本シリーズを勝ったパ・リーグの上位球団から順に各球団15ページずつ割り振って、「スタメン（野手）分析」「ピッチングスタッフ（投手）分析」「ドラフト（新人）分析」を柱に各球団の戦力を分析している。

ドラフト分析では過去20年間、ドラフトで指名された1592人（入団拒否8回）の特徴を紹介してきた。投手であれば甲子園大会、大学選手権、都市対抗などの全国大会でどこまで勝ち進んだのかを紹介するだけでなく、それぞれの技術的な特徴を紹介し、その将来性を予想してきた。

技術的な特徴とはストレートの速さだけでなく、変化球の種類や同じ投球フォームで直曲球を投げ分けられるかどうか、さらに体の開き、ステップの広さ、下半身主導の体重移動かどうか……等々。ストップウォッチを使った分析では、投球タイムの測定（始動から投げた球がキャッチャーミットに収まるまでのタイムのことで、1・8秒を標準にして、それより遅いタイムを高く評価している）や一塁に走者を置いたときのクイックモーションのタイムなどを総合して、プロでどれくらいやれる選手なのか判断してきた。

打者はタイミングの取り方（ゆったり始動できているか、慎重にステップできているか）を主体にして、技術的な部分ではグリップの位置、バットが余計な動きをしていないか、ミートポイントが投手寄りか捕手寄りか、さらにバットが出ていくときの角度が浅い縦軌道になっているか……等々を見て完成度を確認している。

ストップウォッチを使った分析は投手の場合より緻密に行なっている。100分の1秒で表示される打者走者の各塁到達タイムを次に示した線引きで俊足か否か判断しているのだ。
＜一塁到達4・3秒未満、二塁到達8・3秒未満、三塁到達12秒未満＞
盗塁阻止を狙った捕手の二塁送球タイムにも強肩か否かの基準タイムを設けた。そのタイムとは「2秒未満」。投手のクイックモーションに要するタイムは「1・2秒未満」が及第点なので、たとえば投手が1・19秒でクイックモーションを起こし、捕手が1・99秒で二塁に送球すれば、タイムの合計は3・18秒になる。このタイムで盗塁できる走者は非常に少なく、常識的に考えれば盗塁成功率は4割くらいが妥当と思われるが実際には7割超えが普通で、逆に捕手の盗塁阻止率は〝甲斐キャノン〟の異名がつく甲斐拓也（ソフトバンク）でも昨年は4割4分7厘だった。肩の強さだけでなく、走ってくる走者の足元にいかに素早く正確にコントロールできるか、それが捕手の生命線といってもいい。
さまざまな判断基準を設け、球場に足を運んでストップウォッチを駆使して、スカウトに話を聞いても、選手の実力を正確に評価しきることはできない。08年〜17年の10年間でプロ入りした918人（育成を含む）を対象に何人が成功したか、あるいは成功の確率が高いか、これもさまざまな基準を設けて調べたら173人しかいなかった。つまり成功の確率は大まかに19パーセント弱である。

本書では時代を4つに分けて、これまでに年度版『プロ野球 問題だらけの12球団』で取り上げた中から103人を選び、彼らをどのように評価したのか右頁で紹介し、左頁ではプロ入り後の姿を紹介した。

第1章で取り上げたのは「逆指名・自由獲得枠」の00年〜04年に指名された15人。第2章は「分離ドラフト時代」（05年〜07年）の22人、第3章は「統一ドラフト」（08年〜11年）の31人。第4章は同じく「統一ドラフト」（12年〜）の35人である。

第1章で取り上げた赤星憲広（阪神）、中村剛也（西武）、青木宣親（ヤクルト）は2位以下で、彼ら以外でも栗山巧、中島宏之、片岡治大（ともに西武）、武田久、小谷野栄一（ともに日本ハム）、成瀬善久（ロッテ）が2位以下での指名だった。この時代、逆指名、自由獲得枠で入団した即戦力候補の多くが〝討ち死に〟しているが、それを暗示させる人選である。

第2章では取り上げた22人のうち高校卒が14人と多数派を占めた。大学生&社会人と高校生を分けて指名したこの3年間は実際に高校卒選手の大当たりといってもよく、陽岱鋼（日本ハム）、T-岡田（オリックス）、山口俊（横浜）、平田良介（中日）、田中将大（楽天）、前田健太（広島）、坂本勇人（巨人）、中田翔（日本ハム）など、現在も活躍している選手が多い。

統一ドラフトになった08年以降を2つに分けたのは時代が長かったのと、12年に大谷翔平という投打二刀流の怪物が出現したことが理由である。それ以前の菊池雄星、秋山翔吾（ともに西武）、筒香嘉智（横浜）、山田哲人（ヤクルト）、柳田悠岐（ソフトバンク）、菊池涼介（広島）たちとの世代間競争を、時代を分けることで明確にしたかった。12年ドラフト組には大谷以外でも菅野智之（巨人）、鈴木誠也（広島）がいて、それ以降にも松井裕樹（楽天）、岡本和真（巨人）などジャパンの将来を担う大物が控えている。

17年には清宮幸太郎（日本ハム）、安田尚憲（ロッテ）、村上宗隆（ヤクルト）、中村奨成（広島）の高校生野手が1位指名され、翌18年にはやはり高校生野手の根尾昂（中日）、藤原恭大（ロッテ）、小園海斗（広島）、太田椋（オリックス）が1位指名され、辰己涼介（楽天）、近本光司（阪神）の大学生、社会人の野手も1位で指名されている。

それまでのドラフトはプロ野球界で常識となっている〝守り優先〟が重んじられ、大学生と社会人の「即戦力候補投手」が最上位で指名されてきた。その常識がこの2年間で大きく変わった。それはチーム作りの主体がユニフォーム組の監督から背広組のフロントに切り替わりつつある現実を示している。

さて、本書の元となった『プロ野球 問題だらけの12球団』シリーズを最初に著してから19年が経ち、これからどこまで続いていくのかわからないが、読者の皆さんが読み継いでくれる限り、書き続けていきたいと思っている。

情報伝達の手段は徐々にネット中心に移り変わっているが、私は待ち合わせている友人が来るまでの5分間でも本を手放せない真性の活字中毒者である。そういう活字の世界に書き手として加わっていられる現実は、19年前の私には夢だった。そういう夢の時間をまだまだ継続させていきたいと念願している。

プロ野球 問題だらけの選手選び 目次

第2章

第3章

第4章

統一ドラフト時代②

――2012年以降 159

成績は2018年シーズン終了時点の数字です。

第1章

逆指名・自由獲得枠時代
——2004年以前

阿部慎之助

【中央大学→巨人】

2000年ドラフト1位（逆指名）［捕手］

プロ入り時点での評価＆特徴

○大学球界を代表する強肩・強打の捕手として知られるが、バッティングのほうはプロ入り後3年くらい苦労しそうだ。

○二塁送球の速さと正確さはプロでも上位クラス。フットワークも素晴らしい。

○アマチュア選手にありがちな外角主体のリードに特徴がある。巨人投手陣は速球派がそろい、主力の上原浩治、工藤公康はともに内角ストレートが投球の軸なので、リードは一から勉強しなおす覚悟が必要になる。

プロ入り後の推移&実績

新人年の2001年、打率・225という低打率ながら127試合に出場した。チーム成績を振り返れば優勝したヤクルトとはわずか3ゲーム差の2位。チーム防御率はリーグ最下位の4・45、前年はリーグ1位の3・34だった。00年に101試合に出場しているベテランキャッチャーの村田真一をレギュラーで起用すればヤクルトとの差はひっくり返ったかもしれないが、01年限りで監督の座を原辰徳に譲る長嶋茂雄監督は〝10年の計〟で阿部をレギュラーキャッチャーとして起用し続けた。その成果は原体制以降の17年間（02年〜18年）でリーグ優勝7回、日本一3回という成績にしっかり反映されている。

現在の巨人のキーマンを一人挙げろといわれたら、迷わず「阿部」と答えたい。巨人のキャッチャーで唯一人、通算2000本安打を記録しているバッティングはもちろん、本格派、技巧派を好リードしたディフェンス面を含めて巨人史上最強のキャッチャーといっていいだろう。

基本プロフィール
1979年3月20日生まれ。千葉県出身。安田学園→中央大学→読売ジャイアンツ。2012年に首位打者と打点王の2冠を獲得し、正力松太郎賞を受賞。

内川聖一

【大分工業高校→横浜】
2000年ドラフト1位［内野手］

プロ入り時点での評価＆特徴

○強打だけでなく、強肩を誇る内野守備もよく、脚力も備わっている。
○高校1年の秋に骨嚢腫《こつのうしゅ》で3か月間の長期入院を経験したが、実質1年ちょっとしかなかった選手生活のあいだに、高校通算43本のホームランを放った長打力は、横浜では希少価値。
○入団する横浜が、これまでに鈴木尚典、石井琢朗、谷繁元信……と高校卒で入団した選手をファームからトップ選手に育てあげている点は心強い。

プロ入り後の推移＆実績

プロ入り6年目にしてはじめてシーズン100安打を放つ。大学、社会人出身なら遅いペースだが、高校からプロ入りした選手はこの出足でも通算2000安打以上を記録できるという好見本。プロ8年目の08年にはじめて規定打席に到達して189安打を放ち、打率・378を記録。これは右打者としては歴代シーズン最高打率だ。11年にFA（フリーエージェント）権を行使してソフトバンクに移籍、この11年に打率・338で首位打者を獲得する。両リーグで首位打者を獲得した選手は江藤慎一（中日、ロッテなど）に次いで史上2人目。18年には2000本安打も達成した。

在籍年数は横浜10年、ソフトバンク8年と横浜時代のほうが長いが、日本シリーズ、WBC（ワールド・ベースボール・クラシック）など大舞台でのプレーはソフトバンク時代に偏る。若いファンの中にはソフトバンクの生え抜きと思っている人もいるだろう。移籍した8年間でソフトバンクは日本一が5回。まさにチームの主力選手といっていい。

基本プロフィール
1982年8月4日生まれ。大分県出身。大分工業高校→横浜→ソフトバンク。首位打者2回（2008年、2011年）、最多安打2回（2008年、2012年）、最高出塁率1回（2008年）。

赤《あか》星《ほし》憲《のり》広《ひろ》

【JR東日本→阪神】
2000年ドラフト4位〔外野手〕

プロ入り時点での評価&特徴

○シドニー五輪(2000年)の日本代表。一塁到達タイムはプロ最速のイチローと同じで、とにかく足が速い。
○身長が170センチしかなく、小柄な選手によく見られる「当て逃げ」に近いバッティングに課題を残す。プロで結果を残す選手は小柄でも力強いトップの形ができているが、現在のところ、それができていない。
○プロで「1番センター」の座をつかめるか、代走要員で終わるか、すべてはバッティングにかかっている。

プロ入り後の推移＆実績

シドニー五輪の強化合宿を取材した折、全日本の広報担当者から打者走者としての一塁到達タイムがイチローと同じと聞かされ、プロ入り後はストップウォッチで盗塁の速さを計測するやり方をスカウトから教えられた際、「3・2秒で二盗できるのは赤星だけ」と断言された（今は全体的にタイムが速くなっている）。

アマチュア時代の長所は脚力だけといってもいいが、その一芸がプロで大成する助けになった。チームが4年連続最下位に低迷する中、1年目に打率・292、盗塁39が評価されて新人王を獲得。また新人年から5年連続で盗塁王を獲得するなどチームを代表する〝顔〟になり、本人も認める非力なバッティングは「通算9年間で100安打以上が7回」が示すようにプロ入り後に本格化した。優勝した03年と05年に172安打、190安打を放ち、打率も3割1分以上を記録。チームの成績がいいときほど自身の成績が高いという理想の相似曲線を描いた。

基本プロフィール

1976年4月10日生まれ。愛知県出身。大府高校→亜細亜大学→JR東日本→阪神。2001年に新人王、2001年から2005年まで5年連続で盗塁王を獲得。2009年シーズンで現役を引退。プロ通算打率・295、381盗塁。

中村剛也《たけや》

【大阪桐蔭高校→西武】
2001年ドラフト2巡目［内野手］

プロ入り時点での評価&特徴

○高校通算本塁打は、歴代2位（当時）の83本。バッティングの最大の長所はリストの柔らかさ。
○バットを揺らす構えなど無駄なアクションを入れていても、しっかり打てているところに非凡さを感じさせる。
○ホームラン打者にありがちな捕手寄りのミートポイントに特徴があるが、今のままの打ち方ではプロの投手のストレートに差し込まれるはず。

プロ入り後の推移＆実績

プロ入り後、通算385本塁打を放ち、本塁打王には6回輝いている（打点王も3回獲得）。これは王貞治、野村克也に次いで歴代3位の記録だ。放った安打は1325本なので本塁打率は約29パーセント。〝世界のホームラン王〟こと王貞治の31パーセントにはわずかに及ばないが、松井秀喜の19パーセント（日米合算）は大幅に超えている。本塁打王を3回獲得した巨人時代だけを見ても、松井の本塁打率は24パーセントなので、中村の破壊力がいかに飛び抜けているか理解できる。

記憶に残るのが11年、12年だ。この2年間は打球の飛距離を抑える〝統一球〟が導入されたこともありホームランの数が激減。11年のパ・リーグは前年にくらべて288本も減少した。そんな中で中村は11年に48本塁打を放ちタイトルを獲得。2位の松田宣浩（ソフトバンク）が25本なので、中村の凄さが実感できる。14年は98安打ながら34本塁打を放ち5回目のタイトルを獲得。本塁打率は約35パーセントにもなった。

基本プロフィール
1983年8月15日生まれ。大阪府出身。大阪桐蔭高校→西武。本塁打王6回（2008年、2009年、2011年、2012年、2014年、2015年）、打点王3回（2009年、2011年、2015年）。

寺原隼人

【日南学園高校→ダイエー】
2001年ドラフト1巡目［投手］

プロ入り時点での評価&特徴

○獲得をめぐって日米で争奪戦が勃発。ドラフト前に8球団と面談し、ドラフトでは4球団が競合した逸材。

○最速157キロのストレートに加え、縦のカーブも切れ味抜群。コントロールもいわれているほど悪くはない。

○高校時代から完成度が高かった松坂大輔（寺原より3学年上）と比較されるせいで、欠点がより目立ってしまっている。1年目はしっかりファームで鍛え、プロとしての姿を見られるのは2年目から、と考えるべき。

プロ入り後の推移＆実績

松坂大輔フィーバーから3年後、甲子園に出現した最速157キロの快速右腕も18年オフにソフトバンクを自由契約になりヤクルトに移籍。これで36歳になる今季も現役の続行が決まり、在籍した球団は5球団になった（ソフトバンクには2度在籍）。

プロ通算71勝80敗は高校（日南学園高）時代の騒がれ方を知る者からすると寂しいが、投手力の弱い横浜、オリックスの在籍時には1回ずつ2ケタ勝利を挙げている。強豪ソフトバンクに11年在籍したことが勝ち星の積み上げにはマイナスに作用したかもしれない。過去17年間、タイトルに届いていない寺原の唯一の勲章が「13球団からの勝利」だろう。これは工藤公康、杉内俊哉に次ぐ史上3人目の記録である。横浜に在籍していた08年には抑え投手として22セーブを挙げ、過去4年は負け試合での中継ぎ登板が多いが、18年は21試合に登板して防御率2・39を記録している。余力は十分に残っているといっていい。

基本プロフィール
1983年10月9日生まれ。宮崎県出身。日南学園高校→ダイエー・ソフトバンク→横浜→オリックス→ソフトバンク→ヤクルト。

石川雅規《まさのり》

【青山学院大学→ヤクルト】
2001年自由獲得枠［投手］

プロ入り時点での評価&特徴

○強豪校がひしめく東都大学リーグで活躍し、通算23勝（通算防御率1・63）と圧倒的な実力を示す。
○167センチとかなり小柄で、ストレートもたいして速くないが、落差と急ブレーキを誇るシンカーは魔球。
○初球からいきなり勝負球を要求してくるタイプの正捕手・古田敦也のリードとの相性がちょっと気がかり。

プロ入り後の推移＆実績

秋田商業高3年だった97年夏の甲子園大会1回戦で浜田高2年の和田毅（現ソフトバンク）と対戦、サヨナラ四球で勝利をつかんでいる。当時を振り返って「見ていた人誰もが、2人がプロで投げ合う姿を想像しなかったと思う」と笑うが、石川は青山学院大、和田は早稲田大に進学、そこでともに20勝以上を挙げて自由獲得枠でプロ入りする。

167センチの上背しかなくても、プロ通算17年間でシーズン10勝以上を11回記録する石川の安定感は球界屈指。とくに新人年の02年から11年までの10年間で2ケタ勝利を9回記録した。青山学院大時代はストレートと変化球を交えた技巧的なピッチングを展開、ストレートは140キロ前後の速さしかなかったが、堂々とした投球フォームには本格派といってもいい風格があった。ほとんどの変化球を自在に操る中でも最大の勝負球はシンカーで、18年シーズンは全投球のうち20パーセントをこの球が占めていた。

基本プロフィール
1980年1月22日生まれ。秋田県出身。秋田商業高校→青山学院大学→ヤクルト。2002年に新人王、2008年に最優秀防御率のタイトルを獲得。

糸井嘉男

【近畿大学→日本ハム】
2003年自由獲得枠［投手］

プロ入り時点での評価&特徴

○50メートル5・76秒、垂直跳び86センチ、遠投120メートルと高い身体能力を誇る最速152キロ右腕。
○榎本保・近大監督（当時）が「まだ潜在能力の7割も出せていないでしょうね」と評する底知れぬパワーを誇る。
○トップで右ヒジが上がる投球フォーム。ただし左肩が上がった「担《かつ》ぎ投げ」になっていて、高い位置にある右ヒジのせいで投球がかなり窮屈になっている。この投球フォームはいただけない。

プロ入り後の推移＆実績

近大時代は最速152キロのストレートを投げる本格派投手として活躍し、大学選手権では九州共立大の馬原孝浩（元ソフトバンクなど）と投げ合ったこともある。プロ入り後、2年間投手としてプレーするが一軍入りがかなわず3年目に野手転向、プロ入り5年目の09年に一軍定着を果たした。18年まで10年連続100安打超えを記録。年齢で見れば28歳から37歳にかけて1458安打を放ったことになる。典型的な遅咲きといっていい。

走攻守すべてが高レベルだが、もっとも魅了されるのが〝走〟。09年のロッテ戦に2番・センターでスタメン出場し、第3打席で初球をバント、このときの一塁到達タイムが3・54秒。私の中では工藤隆人（元日本ハムなど）の3・47秒に次ぐ速いタイムである。通算長打率・460が示すように長打力もあるが、シーズン20本塁打したことが一度もない。現代版の〝球界七不思議〟に挙げられるかもしれない。

基本プロフィール

1981年7月31日生まれ。京都府出身。宮津高校→近畿大学→日本ハム→オリックス→阪神。首位打者1回（2014年）、盗塁王1回（2016年）、最高出塁率3回（2011年、2012年、2014年）。

青木宣親《のりちか》

【早稲田大学→ヤクルト】
2003年ドラフト4巡目［外野手］

プロ入り時点での評価＆特徴

○東京六大学で4連覇（2002年春季～2003年秋季）を達成した早稲田大では、2番打者としてチャンスメークに徹した俊足外野手。

○ヤクルトの選手としては、飯田哲也、真中満の系譜につらなる選手といえる。真中が30代の中盤にさしかかる最高のタイミングで入団した。

○野村克也が立ち上げ、若松勉が継承したヤクルト野球には技術とともに「頭」も必要となる。この基本線にみごとに合致する。

プロ入り後の推移＆実績

ストップウォッチを使った野球観戦をテーマにした『野球力』（06年、講談社＋α新書）という本の中で青木を「ストップウォッチ持参で見なければよさに気がつかなかったかもしれない」と書いた。早稲田大時代、三塁打を放ったときの三塁到達11・22秒を見たときの感想だ。

その脚力は依然として健在で、メジャーリーグから復帰した18年、二塁打の数は10年の44本に次ぐ37本。これはリーグ1位の記録だ。左腕を苦にしないのも長所。09年のＷＢＣでは韓国の金廣鉉《キムグアンヒョン》、キューバのノルベルト・ゴンサレスを攻略、日本の優勝に貢献した。日本球界だけを対象とした通算打率でも青木の名前が出てくる。長いあいだ、この部門のトップはリー（元ロッテ）の・３２０だったが、18年に日本球界に復帰した青木が対象ラインの４０００打席に乗せ、打率・３２９で歴代トップに躍り出た。４０００打数まで残り３８１のイチローが日本球界に復帰しないかぎり、この座は長く安泰だろう。

基本プロフィール

１９８２年１月５日生まれ。宮崎県出身。日向高校→早稲田大学→ヤクルト→ＭＬＢ→ヤクルト。首位打者３回（２００５年、２００７年、２０１０年）、最多安打２回（２００５年、２００６年）、盗塁王１回（２００６年）、最高出塁率２回（２００７年、２００９年）。

内海《うつみ》哲也

【東京ガス→巨人】
2003年自由獲得枠［投手］

プロ入り時点での評価&特徴

○敦賀気比高3年のときにオリックスから1位指名を受けたが、巨人入りを熱望して社会人野球（東京ガス）へ。しかし、社会人での3年間は順調な成長曲線を描けず苦闘が続いた。
○即戦力という評価はできないが、将来性は期待できる。
○高校時代から高い奪三振率を誇るが、課題は制球難と、その原因と思われる投球フォーム。プロ入りしてすぐに矯正することはできないと思われるので、勝負は2年目以降になってくる。

プロ入り後の推移＆実績

東京ガスから自由枠で入団。当然、即戦力の活躍が期待されたが1年目は3試合の登板にとどまり、0勝0敗。2年目も4勝9敗と勝ちきれなかった。3年目の06年に12勝13敗を挙げ、08年まで3年連続2ケタ以上勝ち、主戦の仲間入りを果たす。

左腕スリークォーターから全盛時にはストレートが150キロに迫り、スライダー、カーブ、チェンジアップ、フォークボール、シンカーを交えた緩急で打者を翻弄し、通算与四球率2・31が示すとおりコントロールも安定している。11年にキャリアハイとなる18勝5敗で最多勝を獲得、翌12年も15勝6敗で2年連続、最多勝を手にした。この2年間は防御率もよく、11年が1・70、12年が1・98と2点切りを達成。WBCは09年、13年の2回出場しているが、ともに満足のいく結果が得られていないのが心残りだ。14年以降、勝ち星が1ケタ台にとどまり、過去5年間の成績は25勝28敗。残り17勝に迫った150勝超えを目標にしたい。

基本プロフィール
1982年4月29日生まれ。京都府出身。敦賀気比高校→東京ガス→巨人→西武。2007年に最多奪三振、2011年、2012年に最多勝を獲得。

鳥《とり》谷《たに》敬《たかし》

【早稲田大学→阪神】
2003年自由獲得枠［内野手］

プロ入り時点での評価＆特徴

○東京六大学では、1年春から全試合にスタメン出場し、2年春に3冠王（リーグ最短タイ）を獲得。他にも、ベストナイン5回、首位打者2回（歴代7位の通算115安打）と文句なしの実績を残す。
○走攻守三拍子そろい、とくにショートとしての安定感は群を抜いている。
○バッティングで気になるのは、極端なオープンスタンスからトップポジションに持っていくため、体の動きが大きくなってしまっていること。プロ入り後、どう変化するかが見どころ。

プロ入り後の推移＆実績

早稲田大時代の「好打、好守」というイメージが、プロ入り後もきちんと発揮された。プロ2年目の05年から17年まで13年連続100安打以上を記録、と書くと鳥谷の凄さが出ない。この間の平均安打は約150本。この13年間だけで1956安打を積み上げているのだ。

海外FA権を取得した14年オフにメジャー挑戦が話題になったが、ブルージェイズと鳥谷サイドのあいだに生じた契約年数などの条件面での溝が埋まらず、阪神残留が決まった。

国際大会では13年のWBC、第2ラウンドのチャイニーズ・タイペイ戦の記憶が鮮烈だ。敗色濃厚の9回裏2死一塁の場面で二盗を成功後、井端弘和のセンター前ヒットで生還している。ベストナイン6回、ゴールデン・グラブ賞5回は球団史上最高の遊撃手といっていい。

基本プロフィール
1981年6月26日生まれ。東京都出身。聖望学園→早稲田大学→阪神。2011年に最高出塁率のタイトルを獲得、2017年に2000本安打達成。連続試合出場1939は歴代2位。

涌《わく》井《い》秀章

【横浜高校→西武】
2004年ドラフト1巡目［投手］

プロ入り時点での評価&特徴

○ストレートは低めによく伸び、試合での球速は140キロ台前半が多いが、ピンチになると球速を上げてくる実戦派タイプ。ストレートの最速は150キロ。

○変化球の精度が高く、けん制、フィールディングも上手い。平凡なのはクイックのタイムだけ。

○全体に欠点が見当たらない優良バランスの投手で、体作りが進めばすんなり一軍ローテに入ってくるはず。

プロ入り後の推移＆実績

投球フォームは横浜高時代と大きく変わらない。ゆったりとした動きで始動とステップを行ない、下半身が先に動いて、上半身が遅れてついていく流れも一緒。始動から投げた球がキャッチャーミットに収まるのは約2・4秒。最近はもっと遅いピッチャーが出現しているが、先駆者は涌井だ。2年目の06年から5年連続2ケタ勝利を挙げ、12年、13年にチーム事情からリリーフを務めるが、この2年間以外は、登板試合のすべてが先発で記録したもの。当然、「先発・完投」を美学とする（56完投は松坂大輔の72に次いで現役2位）。

西武時代、メジャー志向に注目が集まったのは高校時代から自他ともにライバルと認めるダルビッシュ有がメジャーで活躍した影響からだろう。14年にFA権を行使してロッテに移籍。15年には15勝9敗で3回目の最多勝を獲得している。14年間で130勝（121敗）を挙げ、ゴールデン・グラブ賞4回でわかるようにディフェンス面全般に目が行き届いている。

基本プロフィール

1986年6月21日生まれ。千葉県出身。横浜高校→西武→ロッテ。最多勝3回（2007年、2009年、2015年）。2009年に沢村賞を受賞。

ダルビッシュ有

【東北高校→日本ハム】
2004年ドラフト1巡目［投手］

プロ入り時点での評価&特徴

○東北高での3年間、マスコミの眉を再三にわたってひそめさせた怪腕。マウンド上で苛立ちを隠さず、審判の判定に対する不満を露《あら》わにするなど、近年の超高校級投手には珍しく「優等生タイプ」ではない。
○甲子園に4度出場し、準優勝1回、ベストエイト1回というみごとな実績。それにもかかわらず、「余力を残したまま散った」という印象が残るところに、ダルビッシュという投手の底知れぬ素質を感じる。
○ピッチング云々ではなく、メンタル面をいかにコントロールできるかがプロ入り後の課題。

プロ入り後の推移＆実績

正直にいえば、ダルビッシュはプロで成功しないと思っていた。05年版『問題だらけの12球団』で書いたように、メンタル面のコントロールができない選手だと思ったからだ。それが1年目に5勝5敗を挙げ、2年目からメジャー移籍前年の11年まで6年連続2ケタ勝利を挙げ、日本球界での通算成績は93勝38敗、勝率・710と圧倒的である。

成績だけではない。日本ハム時代は入団間もない中田翔の野球に向かう姿勢に苦言を呈したかと思えば、高校野球のピッチャーの酷使に対しては「ノー」と意思を鮮明に表明し、ウェイトトレーニングの効用を球界の内外に向かって説き、11年の東日本大震災のときには5000万円の寄付まで行なっている。高校時代と様変わりした姿に驚かされっぱなしである。12年からはメジャーリーグに移籍し、通算6年で57勝45敗というみごとな成績を残している。シーズン前にはサイ・ヤング賞の候補に挙げられることが多い。

基本プロフィール
1986年8月16日生まれ。大阪府出身。東北高校→日本ハム→MLB。日本では最優秀防御率2回（2009年、2010年）、最多奪三振3回（2007年、2010年、2011年）、最高勝率1回（2009年）、2007年には沢村賞受賞。MLBでは2013年に最多奪三振のタイトルを獲得。

金子弌《ち》大《ひろ》

【トヨタ自動車→オリックス】
2004年自由獲得枠［投手］

プロ入り時点での評価＆特徴

○ドラフトにかかるタイミングで右ヒジの故障が発覚。自由枠での入団か自由枠を外しての入団かで一悶着あった。
○筆者がはじめて見たのは高校（長野商）時代の01年春の北信越大会。当時、プロ注目のスラッガーだった北野良栄（星稜高→ソフトバンク。06年引退）を内角へのストレートで完全に抑え込んだ。
○社会人になって球速が増したが、クレバーな好投手という基本は高校時代から変わらない。ケガからの回復しだいでは、即抑えという起用もありうる。

プロ入り後の推移&実績

右ヒジ故障を持ち越しての入団で担当スカウトがオーナーから叱責されたという話も聞いたが、プロ3年目の07年に6勝2敗、4年目の08年に10勝9敗とステップアップし、18年までの通算成績は120勝78敗。これだけ立派な成績を挙げれば担当スカウトには報奨金が与えられてよさそうだが、そういう話は聞いていない。

過去14年間のプロ野球生活で得たタイトルは多数。10年に17勝8敗、14年に16勝5敗で最多勝、13年に200個で最多奪三振、14年に1・98で最優秀防御率、14年には沢村賞、ベストナイン、ゴールデン・グラブ賞に輝き、通算防御率は2・96。平成を代表する名投手といって過言ではない。長野商3年の春、北信越大会ではじめて見たときからプロでやれる投手だと確信していた。どうしてこういう選手をオリックスは大事にしないのだろうか。そして日本ハムは大谷翔平が移籍して2年目に最高の投手を獲得できた。

基本プロフィール
1983年11月8日生まれ。新潟県出身。長野商業高校→トヨタ自動車→オリックス→日本ハム。最多勝2回（2010年、2014年）、最多奪三振1回（2013年）、最優秀防御率1回（2014年）。2014年に沢村賞受賞。

一《いち》場《ば》靖弘

【明治大学→楽天】
2004年自由獲得枠［投手］

プロ入り時点での評価&特徴

○東京六大学で通算26勝、防御率2・00、大学選手権での完全試合達成など、経歴には目をみはるものがある。

○最速154キロの剛腕ながら、速球は高めに浮くことが多く、変化球は左肩が開いて球種がバレる。投手として未成熟な部分がかなり多い。

○プロ1年目はあまり期待できないと思っている。また、非力な楽天打線をバックに投げることも考慮しておかなくてはいけないが、あえて1年目の成績を「12勝10敗」くらいと予想しておきたい。

プロ入り後の推移＆実績

私がはじめて完全試合を目撃したのが04年6月13日に行なわれた大学選手権、広島経済大対明治大戦で、偉業を達成したのは明大の先発・一場だった。ストレートの最速は151キロを計測し、三振を奪った球はストレート、フォークボール、スライダーが各4個、カーブが1個。このバランスのよさは貴重で、前の試合に投げた中田賢一（北九州市大↓現ソフトバンク）とくらべても球の速さ（中田のこの試合での最速は145キロ）、変化球のキレとも一場のほうが上回って見えた。

しかしプロでの通算成績は中田の100勝に対して一場は16勝（プロ1年目は2勝9敗）。この大きな差を作った要因は最大24人の大学生、社会人に認められていた〝球団を選ぶ権利＝自由枠〟にあるといっても過言でない。一場に「志望球団」といってもらいたい巨人が栄養費と称して金銭を渡していたことが発覚、球界は再編騒動という大きな渦に巻き込まれていく。この騒ぎがなかったら一場の野球人生はどうなっていただろうか。

基本プロフィール

1982年7月5日生まれ。群馬県出身。桐生第一高校↓明治大学↓楽天↓ヤクルト。2011年シーズンで現役を引退。プロ通算16勝33敗1セーブ、防御率5・50。

野間口貴彦

【シダックス→巨人】
2004年自由獲得枠［投手］

プロ入り時点での評価＆特徴

○2004年ドラフトの目玉選手。最速153キロのストレート、多彩でキレも一級品の変化球、けん制、クイック、フィールディングもすでに完成品。

○2003年6月の都市対抗予選で見た印象としては「上原（浩治）クラス」だったが、2か月後の都市対抗では大荒れで別人になってしまっていた。この「別人ぶり」がその後、1年以上続いている。

○素質はナンバーワンでもプロ入り1年目の出遅れは尾を引く。不調を持ち越してプロ入りしていないかが気がかりだ。

プロ入り後の推移＆実績

中田賢一↕一場靖弘と同じような比較を、内海哲也↕野間口貴彦でもできる。03年6月14日に行なわれた都市対抗の東京第2次予選、東京ガス対シダックスを見て、東京ガスの先発・内海より、シダックスの先発・野間口のほうが私には数段よく見えた。

しかし、プロでの通算成績は内海の133勝に対して野間口は13勝。野間口も一場同様、巨人から数回にわたって200万円を受けとり、大きな問題になっていた。一場は桐生第一高3年時、中田は北九州市立大4年春、内海は敦賀気比高3年春と巨人入団直後、野間口は巨人入団直後に話を聞いている。その中でもっとも攻撃精神が旺盛でプロ向きだと思ったのが野間口だが、そういう精神をもってしてもイリーガル（違法）に近い手段でプロ入りしたと見る世間の目に抗しきれなかったということだろうか。

93年から07年まで続いた〝一部選手による球団を選ぶ権利〟＝逆指名・自由枠・希望枠は球界に大きな犠牲を強いた。

基本プロフィール
1983年5月31日生まれ。兵庫県出身。関西創価高校→創価大学中退→シダックス→巨人。2012年シーズンで現役を引退。プロ通算13勝12敗、防御率4・57。

第 2 章

分離ドラフト時代
——2005年～2007年

松田宣浩《のぶひろ》

【亜細亜大学→ソフトバンク】
2005年希望入団枠 ［内野手］

プロ入り時点での評価＆特徴

○東都大学リーグでは、3年までに15本塁打を放つなど長打力が魅力（3年時に部の不祥事があり、その後は東都1部リーグでの公式記録なし）。バッティングの最大の長所はリストの強さ。

○大学での通算打率が・225とかなり低く、バッティングに致命的な欠点がある可能性を指摘する声もある。

○強肩であることは間違いない。サードよりも外野手としての適性のほうが高いのではないか。

プロ入り後の推移＆実績

プロ入り後の13年間で100安打以上が10回。ここまで通算1499安打を放つとは大学時代には思わなかった。三塁守備では相変わらず強肩が目立ち、WBCには準決勝に進出した13年、17年に出場して45打数15安打、打率・333と好結果を残している。今やジャパンの代表的な顔といっていい1人。

プレー以外でも空振りしたあと片足を上げて〝けんけん〟する姿がよく知られ、メジャーリーグ選抜チームとの試合ではけんけんしたままテレビ画像から出て行くほど大きく移動、メジャーリーガーが大喜びしていた。普通の選手にくらべ投手寄りにミートポイントを置き、腕が伸びきったところでボールをとらえる珍しいバッティングは世間から「前テギュン打法」と呼ばれている。「けんけん」と並んで松田の代名詞といってもいい。ホームランを放ってベンチに帰ってくるとスタンドのファンとともに「熱男！」と絶叫。チームきってのムードメーカーである。

基本プロフィール

1983年5月17日生まれ。滋賀県出身。中京高校→亜細亜大学→ソフトバンク。三塁手としては歴代最多となる7度のゴールデン・グラブ賞を受賞。

陽《よう》岱《だい》鋼《かん》

【福岡第一高校→日本ハム】
2005年高校生ドラフト1巡目［内野手］

プロ入り時点での評価＆特徴

○第一印象は好守備。とにかく肩が強く、スカウトのあいだでは「この選手を獲れたら、むこう10年間はショートはいらない」との声も。

○バッティングでは、強靭なリストを活かした長打力に特徴がある。変化球をアッパースイングで打つ悪癖はあるが、ストレートに対しては上から叩く形がしっかりできており、打撃改造で大きな回り道はしなさそうだ。

○WBCではいきなり台湾代表入りを果たす。アマチュアのレベルではすでに世界トップレベルの実力者といえる。

プロ入り後の推移&実績

福岡第一高時代に取材したとき、目標にする選手を聞くと「松井稼頭央」と返ってきた。「(松井)秀喜じゃないの?」と聞いても首を振る。ホームランバッターとして注目を集めていたが、自分の個性をきちんとわきまえていた。

プロ6年目の11年にはじめてシーズン100安打を放ち、100安打超えはこれまで合計5回。守備位置は高校時代のショートからプロ入り4年目の09年、外野にコンバートされ、日本ハムではこれまで4回ゴールデン・グラブ賞に輝いている。13年には47盗塁で初のタイトルを獲得しているが、この年の5月6日の西武戦で組んだ1番大谷翔平、2番陽、3番西川遥輝、4番中田翔のスタメンがもっとも強烈な思い出だ。これほど若さと攻撃性に富んだ上位打線はあまり見たことがない。

17年にFA権を行使して巨人に移籍。日本ハムとの残留交渉の際、吉村浩GMがのっけに放った「卒業おめでとう」の言葉が移籍の決め手になったといわれる。

基本プロフィール
1987年1月17日生まれ。台湾出身。福岡第一高校→日本ハム→巨人。2013年に盗塁王獲得。外野手として4度ゴールデン・グラブ賞を受賞。

T―岡田

【履正社高校→オリックス】

2005年高校生ドラフト1巡目［外野手］

プロ入り時点での評価&特徴

○長打力が評価される高校生は毎年出てくるが、岡田の長打力は彼らとはまったく次元が違う。観戦ノートに「全打席ホームランの匂い」と書いたこともある。打撃技術がきわめて高い。

○短所は守備。守備に対する意識そのものが低いように見える。

○高校から入団する選手を育成するのが下手なオリックスに指名されてしまったのが不安材料。もし岡田を育てられないようなら、今後オリックスは高校生の指名をしないでほしいと思う。

プロ入り後の推移＆実績

05年～07年の3年間だけ高校生と大学生＆社会人の指名を別々に行なった分離ドラフト。その05年の高校生ドラフトの1巡目で指名されプロ入りした。それ以前にオリックスの高校生のトップ指名は00年の内海哲也（入団拒否）までさかのぼる。もし分離ドラフトという制度がなければ高校生野手・岡田貴弘（のちにT－岡田）の1巡目指名はなかっただろう。

22歳だったプロ5年目の10年にはじめて100安打超えを果たし、同時に33本のホームランを放って本塁打王も獲得する。このとき話題になったのが動きを極端に抑えたバッティング。確実にミートすればパワーがあるので球は飛んでいくという理屈で、無駄な動きを排除し、ノーステップ打法に取り組んで結果を出した。岡田彰布《あきのぶ》監督の退陣とともにノーステップ打法からすり足打法に変え、17年には7年ぶりの30本塁打超えを果たし、安打数もキャリアハイとなる134本を記録した。

基本プロフィール
1988年2月9日生まれ。大阪府出身。履正社高校→オリックス。2010年に王貞治以来48年ぶりに22歳で本塁打王を獲得。

平野佳寿《よしひさ》

【京都産業大学→オリックス】
2005年希望入団枠［投手］

プロ入り時点での評価&特徴

○筆者が観戦ノートに「全球種一級品！」と書いたことがある投手。今年の新人選手の中でもっとも即戦力度が高く、新人王候補のナンバーワン。
○所属する関西六大学リーグでは圧倒的な存在。通算36勝、シーズン98奪三振、通算404奪三振はリーグ記録。
○往年の遠藤一彦（横浜）、藤田元司（巨人）を彷彿《ほうふつ》とさせるフォーム。柔らかさと力強さを兼ね備えた本格派。

プロ入り後の推移&実績

1年目の06年、12球団の新人で完封一番乗りを果たし、前半戦で6勝を挙げてオールスターゲームにも出場した。京都産業大時代に140キロ台だったストレートはプロ入り後に最速156キロまで上昇。学生時代の持ち球、カーブ、スライダー、フォークボールは変わらないが、プロ4年目の10年にセットアッパー役に転じると、ストレートとフォークボール主体の組み立てになり、フォークボールのキレ味が増した。

11年に49ホールドポイントを挙げて最優秀中継ぎ投手、13年に抑え役に抜擢されると、14年には40セーブを挙げて最多セーブ投手のタイトルを獲得。17年オフに海外FA権を行使してメジャーリーグのダイヤモンドバックスに移籍した。日本人選手としてはレッドソックス時代の上原浩治に次ぐ26試合連続無失点を記録するなど存在感を増し、メジャー1年目に75試合登板を果たす。日本人選手としては最多記録で、自身の中でもキャリアハイとなる。

基本プロフィール

1984年3月8日生まれ。京都府出身。鳥羽高校→京都産業大学→オリックス→MLB。2011年に最優秀中継ぎ投手、2014年に最多セーブのタイトルを獲得。

川端慎吾

【市立和歌山商業高校→ヤクルト】
2005年高校生ドラフト3巡目［内野手］

プロ入り時点での評価&特徴

○バッティングは試合ごとによかったり悪かったり、見るたびに印象が変わる。
○俊足と攻守はつねに変わらないレベルの高さがある。とくに肩の強さには見るべきものがある。
○これまでは「ホームランバッター」「強打者」と紹介されることが多かったが、プロの世界では1番、2番を打つチャンスメーカータイプをめざすべき。そちら方面の才能が豊かな選手。

プロ入り後の推移＆実績

プロ6年目の11年にはじめてシーズン100安打超えを達成したが、本塁打4、盗塁0（企図0）からは将来像が見えなかった。

13年は左足首関節の手術を受けた影響で出足が大幅に遅れながら9月に打率・393、打点16の活躍で自身初の月間MVPを獲得。2ケタ安打こそ途切れたが打率3割を記録（規定打席未到達）、将来像がぼんやり見えてきた。14年は規定打席に到達し、打率・305を記録、本塁打も初の2ケタ、10本に乗せた。そして15年に打率・336（安打195）を記録し、首位打者、最多安打のタイトルを獲得した。市立和歌山商時代の俊足のイメージがプロでは薄れていたが、この年の交流戦、日本ハム戦では内野ゴロで3・95秒、内野安打で4・10秒というタイムも計測し、プレーに躍動感が見えた。悪いときはステップが淡白になり、調子が上がると探るようなゆったり感が出てくる。この年の川端がまさにそういう感じだった。

基本プロフィール
1987年10月16日生まれ。大阪府出身。市立和歌山商業高校→ヤクルト。2015年に首位打者、最多安打のタイトルを獲得。

山口俊《しゅん》

【柳ヶ浦高校→横浜】
2005年高校生ドラフト1巡目［投手］

プロ入り時点での評価&特徴

○ストレートの最速151キロ。2004年秋の全国大会（明治神宮大会）では、決勝で愛工大名電高を相手にあわやノーヒットノーランという快投を見せて完勝。
○筆者の中では「寺原隼人（日南学園→ソフトバンク）以上、松坂大輔（横浜高→西武）未満」という評価が定着している。
○けん制、クイックなどに対する意識も高く、高校卒選手ではあるがプロの世界で戦える準備はすでに整っているように見える。1年目から一軍に登場する可能性もある。

プロ入り後の推移＆実績

04年のドラフト会議が行なわれた11月17日、神宮球場では明治神宮大会・高校の部の決勝が行なわれ、柳ヶ浦高の山口俊が8回まで愛工大名電高をノーヒットノーランに抑えていた。このニュースが入ったとき「ドラフトどころじゃない」という気持ちになったことをよく覚えている。大記録は達成できなかったが、山口のことを考えるときに付きまとう大物感は、この日のことが強く印象に残っているからだろう。

プロ4年目にリリーフとして51試合に登板して5勝18セーブを挙げ（プロ1年目は一軍出場なし、2年目5試合、3年目6試合に登板）、14年には先発に役割を替えて8勝5敗。16年にキャリアハイの11勝5敗を挙げ、そのオフにFA権を行使して巨人に移籍する。17年は泥酔状態で暴力を振るったことが明らかになり出場停止処分が下され、登板数はわずか4試合。翌18年7月27日の中日戦では一念発起したのか、被安打0、与四球1でノーヒットノーランを達成。14年前のノーヒットノーラン騒ぎが少しだけ脳裏をよぎった。

基本プロフィール
1987年7月11日生まれ。大分県出身。柳ヶ浦高校→横浜・DeNA→巨人。2018年7月27日の対中日戦でノーヒットノーラン（準完全試合）を達成。

平田良介

【大阪桐蔭高校→中日】
2005年高校生ドラフト1巡目［外野手］

プロ入り時点での評価＆特徴

○甲子園で1試合3本塁打を放った超高校級スラッガー。強靭なリストを活かし、広角に打ち分ける。
○構えたときにバットがフラフラ遊ぶ悪癖があり、ヘッドが遠回りする原因になっている。内角胸元にコントロールされたら、プロではひとたまりもない。
○高校の先輩である中村剛也（西武）にも同じ悪癖があったが、中村はそれを抑制してプロで成功しつつある。中村にない脚力・守備力も兼ね備えている平田は、さらに大きく育つ可能性がある。

プロ入り後の推移＆実績

高校卒野手がシーズン100安打するまでに6年くらいかかるのは珍しくないが、平田は8年かかっている。13年に106安打するまでに打った安打は196本という少なさ。そしてはじめて規定打席に到達したのはさらに遅い14年。25歳～26歳で一軍に定着した遅咲きといっていい。

大阪桐蔭高2年秋の明治神宮大会、鵡川《むかわ》高戦を36対5で大勝し、翌春のセンバツ1回戦の二松学舎大付高戦では2ランを放つなど、大舞台での活躍を何度も見てきた。プロでの足踏み状態が正直歯がゆい。15年にベストナイン、18年にゴールデン・グラブ賞獲得と、徐々に輝きが増しているというのが現在の平田の姿である。19年に31歳を迎えるが、先輩の和田一浩は30歳ではじめてシーズン100安打を記録し、29歳までに放った安打は149本だったが30歳以降に1901安打を放っている。平田にもこの和田の道を歩んでほしい。リストの強さなど2人には共通する長所がある。

基本プロフィール
1988年3月23日生まれ。大阪府出身。大阪桐蔭高校→中日。2018年に自己最多となる138試合に出場、リーグ3位の打率・329を残す。

吉見一起《かずき》

【トヨタ自動車→中日】
2005年希望入団枠［投手］

プロ入り時点での評価&特徴

○ドラフト前年の04年オフに右ヒジ骨棘《こっきょく》除去手術。05年5月に実戦復帰したが、8月の都市対抗で見たときは魅力を感じさせない投球で、このタイミングでのドラフト指名はないと思っていた。しかし、05年11月の日本選手権では印象が一変。
○キレがあるストレートに加えて2種類のスライダーが武器。真横にすべる129キロのスライダーと134キロの高速スライダーのうち、とくに高速スライダーのほうは勝負球に使える。
○即戦力というより、2年目の一軍定着をめざして大きく育てたい本格派投手。

プロ入り後の推移＆実績

金光《こんこう》大阪高時代の02年春、センバツ大会1回戦で明徳義塾高と対戦したときは外角に偏った逃げのピッチングが目立ち、3年後に希望枠でプロ入りするとは思わなかった。

プロ1年目、2年目は肩の故障などもあり2年間で1勝1敗にとどまる。3年目の08年に先発とリリーフで起用され10勝3敗の好成績を挙げ、08年から12年まで5年連続2ケタ勝利を記録。この5年間、中日は1位2回、2位2回、3位1回と好成績を残している。いかに吉見がチームの中で重要な存在であったかよくわかる。

吉見の生命線はコントロール。通算成績は88勝53敗と100勝の大台まで残り12勝だが、際立つのが与四球の少なさ。通算218個で、与四球率は1・57。菅野智之の1・72、岸孝之の2・21、金子弌大の2・32、和田毅2・40とくらべても少ない。最多勝2回、最優秀防御率1回などのタイトルを獲得し、11年にはセ・リーグのMVPにも輝いている。

強かった落合博満監督時代の中日を支えた先発の柱である。

基本プロフィール
1984年9月19日生まれ。京都府出身。金光大阪高校→トヨタ自動車→中日。最多勝2回（2009年、2011年）、最優秀防御率1回（2011年）。

岸孝之

【東北学院大学→西武】
2006年希望入団枠［投手］

プロ入り時点での評価＆特徴

○知人のスカウトいわく「今年の新人で『特A評価』できるのは、大隣憲司（近畿大→ソフトバンク）と岸だけ」。体にバネがあり、腕の振りや躍動感、球筋は西口文也（当時、西武）にそっくり。

○ストレートの最速152キロ。左打者の足元にからみつくスライダーはプロの強打者でも攻略に苦労するはず。

○あえて課題を挙げるとすると、ストライクコースで勝負しすぎる点と、変化球を投げる際のクイックの遅さ。

プロ入り後の推移＆実績

年齢が高くなるごとにストレートのスピード感が増している。若い頃はバックスイングが外回りしていたのが、最近は内回りになり、投げに行くときのヒジの位置が高い。そういうピッチングフォームの変化がストレートの質の変化につながっているような気がする。

通算成績を見て驚かされるのは成績が安定していることだ。2ケタ勝利は12年間で8回。もっとも勝ち星を積み上げたのが09年、14年の13勝で、大勝ちできないきらいはあるが、通算防御率は3・00と安定感は十分。平均与四球率2・21が示すようにコントロールのよさが安定感をもたらす最大の要因。17年にFA権を行使して楽天に移籍。18年は防御率2・72ではじめてメジャーなタイトル（最優秀防御率）を獲得した。通算122勝79敗の成績でも日本にとどまるのはメジャーリーグの公式球の大きさ、感触になじめないため。30歳代半ばになっても力の衰えが見えない見本にしたいような好投手だ。

基本プロフィール
1984年12月4日生まれ。宮城県出身。名取北高校→東北学院大学→西武→楽天。2014年に最高勝率、2018年に最優秀防御率のタイトルを獲得。

田中将大《まさひろ》

【駒大苫小牧高校→楽天】
2006年高校生ドラフト1巡目［投手］

プロ入り時点での評価＆特徴

○ドラフトで4球団が競合した高校ナンバーワン投手。夏の甲子園（2006年）の決勝では斎藤佑樹（早稲田実業）との投げ合いに敗れたが、「高校ナンバーワン投手」という評価はまったく変わらなかった。
○高校2年で計測した150キロ超のストレートに加え、縦横に鋭く変化する2種類のスライダーはスカウトがストレート以上に評価する魔球。
○夏の甲子園3連覇がかかった高校3年時は重圧から迷いや苛立ちも見られたが、話題の中心が斎藤佑樹に移ってからは「笑顔」が田中の定番になった。低迷する楽天の起爆剤になりそう。

プロ入り後の推移&実績

05年〜07年の3年間続いた分離ドラフトが今のような統一ドラフトで行なわれていたら、田中将大は楽天に入団していなかったと思う。球界に参画してから2年連続で最下位を独走した楽天に高校生投手を指名する余裕はなかったからだ。

しかし、制度として高校生だけを対象としたドラフトがあり、楽天は4球団が入札した田中を抽選で引き当て、田中はみごとに即戦力の働きをした。新人年に11勝7敗の好成績で新人王に輝き、13年までの7年間で積み上げた勝ち星は99勝（35敗）。13年には24勝0敗という空前絶後の成績でチームを初優勝に導き、日本シリーズでも巨人を4勝3敗で退ける立役者になる。

ポスティングシステムで14年からメジャーリーグのヤンキースに移籍。18年までの過去5年間、2ケタ勝利を継続中で、ここまでの通算成績は64勝34敗。18年にエンゼルスに移籍した大谷翔平は日本時代も含め田中から1本もヒットを打っていない。

基本プロフィール
1988年11月1日生まれ。兵庫県出身。駒大苫小牧高校→楽天→MLB。2007年に新人王、2011年、2013年に最多勝、最優秀防御率、最高勝率、沢村賞、2012年に最多奪三振のタイトルを獲得。

前田健太

【PL学園高校→広島】
2006年高校生ドラフト1巡目［投手］

プロ入り時点での評価&特徴

○雑誌の取材で本人に話を聞いて、あまりの意識の高さに驚かされた。「天才」と形容するのが大げさでない逸材。
○特徴のある縦のカーブに加え、ストレートも速く最速148キロ。さらに、打撃センスにも非凡なものがある。
○球質にボリュームがなく、プロ入り後はウェイトトレーニングと食事による体重増が最重要課題。そのぶん一軍での登板は遅くなる。似たタイプとして藤川球児（阪神）がいるが、1年目で見れば、すべてにおいて前田のほうが上。

プロ入り後の推移&実績

同年齢の田中将大（楽天）と同等の評価をしていたので、06年高校生ドラフト1巡目で単独指名されたことが不思議だった。どうして複数球団の1巡目入札がなかったのだろう。2年目に9勝2敗で早くも主力の仲間入りをし、4年目に初の2ケタ勝利、15勝8敗を挙げる。この年から日本球界最後の15年まで6年連続で10勝以上勝ち、10年、15年に15勝を挙げて最多勝、10年、12年、13年には最優秀防御率に輝いている。

みごとなのは10年から15年までの6年間、防御率が2点台以下だったことだ。12年にタイトルを獲ったときは1・53という低さだった。16年にポスティングシステムを活用してメジャーリーグのドジャースに移籍、1年目から16勝11敗という好成績を挙げる。17年、18年にはリリーフ投手としてワールドシリーズに出場、とくに18年は地区シリーズ、リーグ優勝決定シリーズでも投げ、ポストシーズンは8試合に登板。故障が長引かない「鉄腕」だ。

基本プロフィール
1988年4月11日生まれ。大阪府出身。PL学園高校→広島→MLB。最多勝2回（2010年、2015年）、最優秀防御率3回（2010年、2012年、2013年）、最多奪三振2回（2010年、2011年）。2010年、2015年に沢村賞を受賞。

坂本勇人

【光星学院高校→巨人】
2006年高校生ドラフト1巡目［内野手］

プロ入り時点での評価＆特徴

○センバツで見て「バッティングの形がいい」と思った。慎重に探るように出すステップは全球対応を可能にする必殺のメソッド。
○バッティングで気になるのは、トップが2段階で速球に差し込まれがちなこと。雑誌には、3年春の県大会を前に右方向への長打を意識したフォームに改造をしたとあるが、ヘッドの遅れという悪癖が倍増しそうで心配。
○守備範囲そのものは広いがチョンボがときどきあり、ディレードスティールを敢行する抜け目のなさはあるが絶対的な走力はない、という中途半端な「攻・守」のレベルアップが課題。

プロ入り後の推移＆実績

06年の高校生ドラフトで堂上直倫（愛工大名電高→中日）の外れ1巡目で巨人に入団、2年目に早くも134安打を放って主力の仲間入りをする。18年までの11年間はコンスタントに129安打以上、09年以降の10年間は2ケタを超えるホームランを放ち、盗塁も通算147個記録している。16年、17年にはゴールデン・グラブ賞に輝いているので、走攻守三拍子が高いレベルでそろっていることがわかる。18年までの通算安打は1711本。2年後の32歳のシーズンに2000安打を超えることはほぼ間違いない。

13年、17年のWBCに6試合ずつ出場し、17年のWBCでは打率・417を記録しているように日本球界ナンバーワンのショートといって間違いない。16年には首位打者に輝いているが、セ・リーグの遊撃手としては初の快挙。これほどの実績を残している選手の周辺からメジャー移籍の噂が立たないところに老舗、巨人の看板の大きさを感じないわけにいかない。

基本プロフィール
1988年12月14日生まれ。兵庫県出身。光星学院高校→巨人。2012年に最多安打、2016年に首位打者、最高出塁率のタイトルを獲得。

堂《どの》上《うえ》直《なお》倫《みち》

【愛工大名電高校→中日】
2006年高校生ドラフト1巡目 [内野手]

プロ入り時点での評価&特徴

○ドラフトでは3球団が競合した高校ナンバーワン強打者。
○高く評価されているバッティングはまだまだ発展途上で、マスコミは褒めすぎではないかと思う。小さく淡白なステップからは「左足が球種を探るレーダー」という意識が感じられない。
○内野守備には野球センスのよさを感じるが、走塁にはムラがある。トータルな評価としてはたしかにAランクだが、一軍定着に4年～5年程度はかかる「未完の大器」ではないか。

プロ入り後の推移＆実績

06年の高校生ドラフトで堂上直倫を1巡目で入札したのは巨人、阪神、中日のセ・リーグ3球団。これだけで堂上がどれだけ注目を集めていたかがわかる。抽選で外れた巨人の外れ1巡目が坂本勇人（光星学院）で、堂上の18年までの通算370安打に対して坂本は1711安打。この2人の差が極端で、ドラフトのときの因縁もあるため揶揄《やゆ》されることが多いが、堂上も16年に116安打を放ち、レギュラーポジションに近づいたことがある。

17年＝31安打、18年＝10安打と成績が下降したのは故障だけが原因ではない。07年版『問題だらけの12球団』に「左足が球種を探るレーダーという意識が感じられない」と書いたが、プロ入り後もその部分にまったく変化が見られないのだ。今年31歳になるが、大台を超えてから本格化した選手は和田一浩、山本浩二など数人いる。和田は30歳以降に1901安打を量産して名球会入りしている。技術を追求していけば、その道はまだ残されている。

基本プロフィール
1988年9月23日生まれ。愛知県出身。愛工大名電高校→中日。

浅尾拓也

【日本福祉大学→中日】
2006年大学・社会人ドラフト3巡目［投手］

プロ入り時点での評価＆特徴

○たまたま観戦した試合でストレートの速さに驚き、ネット上のコラムに浅尾のことを書きまくった。当時、所属は愛知大学リーグ2部だったが、とても2部リーグの投手とは思えなかった。
○最速152キロのストレートに加え、多彩な変化球を持ち、ノーヒットノーランを達成した試合では、縦変化のスライダーが切れ味を増していた。
○地方の2部リーグ出身選手だからといって甘く見てはいけない。いきなり一軍マウンドに上がることも十分ありうる。

プロ入り後の推移＆実績

浅尾をはじめて見たときの印象は強烈だった。堂上直倫（当時、愛工大名電高）を取材した翌日、瑞穂《みずほ》球場を訪れ中京大対中部大の試合を見る予定だったが、前に行なわれていた愛知大学野球リーグ2部の試合、名古屋学院大対日本福祉大が延びて、新幹線の乗車時間が迫っていた。そんなタイミングで浅尾がリリーフ登板して、ストレートを投げるのを見た瞬間に1部リーグの試合のことはどうでもよくなった。偵察隊の学生にいつもこんなに速いのか聞くと、最速で150キロ近く出ているという。ちなみに、1部リーグの試合は3回まで見ることができ、中部大のピッチャーは谷元圭介（のちに日本ハム↓中日）だった。

06年の大学・社会人ドラフト3巡目でプロ入りし、18年までの12年間で38勝21敗23セーブ200ホールドを挙げ、最優秀中継ぎ投手に2回、11年にはセットアッパーとしては史上初のMVPに輝いている。岩瀬仁紀と並ぶ中日史上に残る名投手だ。

基本プロフィール
1984年10月22日生まれ。愛知県出身。常滑北高校↓日本福祉大学↓中日。2010年、2011年に最優秀中継ぎ投手のタイトルを獲得。2018年シーズンで現役を引退。プロ通算38勝21敗23セーブ200ホールド、防御率2・42。

中村晃《あきら》

【帝京高校→ソフトバンク】
2007年高校生ドラフト3巡目［内野手］

プロ入り時点での評価＆特徴

○帝京高では強肩の一塁手として活躍したが、プロ入り後は外野へのコンバートが確定的。

○セールスポイントはバッティング。上背はないが鎧《よろい》をまとったような肉体から放たれる打球の速さは「超高校級」という手垢のついた言葉では形容できないほど圧倒的。観戦ノートに「ある意味、ホームランより相手にダメージを与える」と書いた。

○課題は横着さが見え隠れする走塁。ファームの指導者にしっかり鍛えてほしい。

プロ入り後の推移＆実績

帝京高時代は大田阿斗里《あとり》（同学年・07年横浜3巡目）、杉谷拳士《けんし》（08年日本ハム6位）たちがそろうスター軍団の中で派手さはなかったが、高校通算60本塁打の長打力とライナー性の打球の鋭さでひときわ目立っていた。プロ6年目の13年に131安打を放ち、打率・307で打撃成績7位に名をつらねる。この年、得点圏に走者を置いたときの左腕との対戦成績は打率・344と高く、対右腕の・315をしのいでいた。翌14年は176安打を放ち初の打撃タイトル（最多安打）に輝いている。

持ち味は大舞台での勝負強さ。18年、ソフトバンクは2位からCS（クライマックスシリーズ）を勝ち上がったが、中村は日本ハム、西武相手に打率・306を挙げ、日本シリーズではチーム最多の7安打を放って打率・280を記録し、森唯斗、柳田悠岐とともに優秀選手賞に輝いている。3季連続で出場した甲子園大会が、大舞台での勝負強さを育てたのかもしれない。

基本プロフィール
1989年11月5日生まれ。埼玉県出身。帝京高校→ソフトバンク。2014年に最多安打のタイトルを獲得。

大場翔太

【東洋大学→ソフトバンク】
2007年大学・社会人ドラフト1巡目［投手］

プロ入り時点での評価&特徴

○ドラフトでは6球団競合の末、ソフトバンクに入団が決定。和田毅、杉内俊哉を筆頭に分厚い陣容を誇るチームへ入団が決まって、正直なところ「大場は運がない」と思った。

○大学4年になるまでは猪突猛進型だったが、日米大学野球選手権での好投で成長した。この舞台で結果を残した投手はプロでも活躍する可能性が高い。

○ケガ、手術でソフトバンク投手陣が一時的に弱体化している1年目（2008年シーズン）がいきなり勝負の年になる。

プロ入り後の推移＆実績

東洋大時代、33勝11敗というみごとな成績を挙げ、4年時の春秋連覇にも貢献した（その後も東洋大は勝ち続けて5連覇を達成）。リーグ戦での14連勝、07年春の115奪三振、同9勝は現在も東都大学リーグの記録として残っている。07年の大学・社会人ドラフトでは6球団の1巡目指名が重複し、抽選で勝ったソフトバンクに入団。1年目に楽天相手のプロ初登板で無四球完封勝利を挙げ、4月5日のロッテ戦では西岡剛、今江敏晃などスタメン全員から16三振を奪って完封。普通、未完の大器は制球力が安定せず苦労するが、大場は開幕から1カ月も経たないうちに2つの完封勝利を無四球で達成している。

プロ入り4年目の11年に7勝2敗、防御率2・55という成績を挙げる。8月には月間MVPにも輝きようやく素質開花の兆しを見せたと思ったが翌年から成績は下降していき、中日移籍後の16年限りで引退。野球の難しさを改めて思い知らされた。

基本プロフィール
1985年6月27日生まれ。東京都出身。八千代松陰高校→東洋大学→ソフトバンク→中日。2016年シーズンで現役を引退。プロ通算15勝21敗、防御率4・39。

中田翔

【大阪桐蔭高校→日本ハム】
2007年高校生ドラフト1巡目［内野手］

プロ入り時点での評価＆特徴

○高校通算87本塁打を放った怪物ルーキー。ドラフトでは4球団が競合。
○プロでどのくらいやれるか聞かれたとき、筆者は「最低でもプロ通算500本塁打」と答えている。プロ1年目のシーズンでも、規定打席に達するくらい出場することができれば20本は打てるはず。
○これからの日本球界を背負って立つだけの逸材だが、本人にその自覚が見えない点が大きな気がかり。

プロ入り後の推移＆実績

高校通算87本塁打より、実際に目撃した2年夏の甲子園大会1回戦の横浜高戦で放った推定飛距離140メートルの一発、同年秋の近畿大会準決勝、市川高戦で放った推定飛距離170メートルの一発のほうが中田の〝怪物〟ぶりを思い起こさせる。07年の高校生ドラフト1巡目で4球団の指名が重複し、抽選で勝った日本ハムに入団。2年目には一軍に定着すると予想したがシーズン100安打を達成したのは4年目の11年。若手の抜擢に躊躇のない日本ハムでも全力疾走やディフェンス面で不安のある中田を一軍で起用し続けられなかったということだろう。

11年の一軍定着以来、18年まで連続100安打以上を記録し、100打点超えは4回あり、打点王を2回獲得している。シーズン最多本塁打が30本というのは球界でもっとも広い札幌ドームを本拠地にしていることもあるのだろう。WBCに出場した17年に絶不調に陥るが、翌18年に自身4回目の100打点超えを達成、みごとに復活を遂げた。

基本プロフィール

1989年4月22日生まれ。広島県出身。大阪桐蔭高校↓日本ハム。2014年、2016年に打点王のタイトルを獲得。

宮西尚生《なおき》

【関西学院大学→日本ハム】
2007年大学・社会人ドラフト3巡目［投手］

プロ入り時点での評価＆特徴

○関西学院大学3年のときには「来年のドラフト1位候補」という評価だった。1年たって指名順位が下がってしまったのは、ストレートに迫力がなかったため。
○宮西のピッチングで注目すべきは、低めにボールを集める精神力や、スライダー、チェンジアップのキレといった要素。
○「トップで割れない」投球フォームがずっと不満だったが、大学最後のリーグ戦では修正できていた。プレーからは運動能力の高さとともに、精神面の充実がうかがえる。

プロ入り後の推移＆実績

関西学院大時代、テークバック時に体が割れない投球フォームに不満があったが、4年秋のリーグ戦を見たあと、「スリークォーターからキレのいい直曲球を操る姿は岩瀬仁紀（中日）を彷彿とさせ」と雑誌に書いた。夏を境にフォームが変わっていたのだ。このときに見たいい印象がプロ入り後もずっと続いている。

新人年にリリーフ投手として50試合に登板して2勝4敗8ホールドを挙げ、18年まで11年連続で50試合以上、すべてリリーフとして登板し、通算成績は629試合、32勝29敗294ホールド。ホールド数は歴代1位である。大学時代より腕の振りはサイドスローに近いところまで下がり、球種はストレートとスライダーがほとんどで、近年はチェンジアップがここに加わる。与四球率は2点台（2・95）を死守し、左打者だけでなく右打者も抑えている。吉井理人《まさと》・前コーチは「投球フォームも非常識なうえ、球質も非常識、そして、リリーバーなので対戦も多くなく、なかなか打者がアジャストできない」と評価する。

基本プロフィール
1985年6月2日生まれ。兵庫県出身。市立尼崎高校→関西学院大学→日本ハム。2008年～2018年にパ・リーグ記録（プロ野球歴代2位）となる11年連続50試合登板を達成。

唐《から》川《かわ》侑《ゆう》己《き》

【成田高校→ロッテ】
2007年高校生ドラフト1巡目［投手］

プロ入り時点での評価＆特徴

○最速148キロのストレートを誇る超高校級右腕。ドラフトでは中田翔、佐藤由規とともに「高校ビッグ3」と称されていた。

○同学年の佐藤由規とは対照的なクセのない投球フォーム。センバツで見た右打者の内角へ決まるストレートには目をみはった。

○フィールディングやクイックにはまだ課題を残しているが、それらが克服できればプロ3年目あたりで一軍定着が可能ではないか。

プロ入り後の推移＆実績

拙著『プロ野球でモノになる奴の法則』（07年、廣済堂出版）の中で同学年の佐藤由規、野村祐輔、唐川を比較して「『プロに入ってから伸びる』選手の典型を、唐川と野村にも見出せる」と書いた。07年時点で佐藤、唐川をAランク、野村をCランクと断ったうえで、プロ入り後は野村が上へ行くかもしれないと評価したのだ。

1年目から5勝4敗と好成績を挙げた唐川は18年まで通算66勝66敗を挙げているので成功選手といっていいが、12年以降は2ケタ勝利がなく、負け数のほうが上回っている。プロ入り前に「伸び悩むかも」と書いたのは本心ではなく、「まさかないと思うが」くらいの老婆心《ろうばしん》がいわせた言葉だが、ここにきて不安になってきた。同タイプの岸孝之（楽天）とくらべるとストレートを速くしようという欲が足りなく見える。19年に30歳を迎えるので、100勝を目標にして、もうひと花咲かせてほしい。

基本プロフィール
1989年7月5日生まれ。千葉県出身。成田高校→ロッテ。2008年4月26日の対ソフトバンク戦でプロ初登板・初勝利し、「平成生まれのプロ野球選手」の勝利投手第1号となる。

丸佳浩

【千葉経済大付属高校→広島】
2007年高校生ドラフト3巡目［外野手］

プロ入り時点での評価＆特徴

○「精神力」という言葉が似合う選手。
○バッティングの形そのものはあまりよくないのに、しっかりと好結果を残している。足のほうも、凄い俊足とは決していえないが、打者走者としてつねに好タイムを計測する。
○高校球界では好投手としても知られているが、プロ入り後は野手・打者にしぼって勝負。

プロ入り後の推移&実績

千葉経大付高時代からバッティングのよさで知られていたが、プロ11年目に打率・306、安打132、本塁打39、打点97を挙げるとは思わなかった。さらにそのオフにFA権を行使して、5年契約35億円を提示した巨人に移籍するとは思わなかった。タイプでいえば1番、2番を打つチャンスメーカーだと思っていた。いい意味で予想は裏切られたわけだが、体つきがプロ1年目とはまるで違っている。当時、選手名鑑に紹介されていた「177センチ、80キロ」が現在は177センチは変わらないが、体重は90キロと記載されている。

食トレとウェイトトレーニングで上半身を鎧のように強く、大きくするというのが現在の基本的なトレーニングのスタイルだ。その成果が成績にきっちり表れている。ホームラン打者になっても走塁のよさは失われていない。12年から18年までの7年間、盗塁数は2ケタを継続して通算では140個を記録。13年から6年連続ゴールデン・グラブ賞もみごとだ。

基本プロフィール
1989年4月11日生まれ。千葉県出身。千葉経済大付属高校→広島→巨人。2013年に盗塁王、2017年に最多安打、2018年に最高出塁率のタイトルを獲得。

由規《よしのり》(佐藤由規)

【仙台育英高校→ヤクルト】
2007年高校生ドラフト1巡目［投手］

プロ入り時点での評価&特徴

○夏の甲子園（2007年）でストレートの最速156キロをマークし、一躍マスコミの注目を浴びた。かつての松坂大輔と比較されるほどの存在感を示し、ドラフトでは5球団が競合。

○ストレートはたしかに速いが、ストライクとボールの差がはっきりしている。スライダーも曲がりが大きく見逃せばボールになる球で、プロでは使いにくい。

○素質のよさという点では申し分ないが、合理的な投球フォームを追求しようとせず、球速を優先順位のトップに置く「若さ」が不安でしかたがない。

プロ入り後の推移＆実績

新人年の08年から11年までの4年間で26勝26敗という成績。よくも悪くもないが、10年8月の横浜戦でストレートが最速161キロを計測し、大きな話題になった。マスコミは騒いだが私は不安だった。いかにも肩を壊しそうな投球フォームなのに、さらにスピードアップをめざせば右肩はいつかパンクしてしまう、そう思ったからだ。08年版『問題だらけの12球団』では「合理性を追求しようとする野球頭脳をどの段階で手に入れるか、佐藤の将来を左右するのはそこだろう」と書いたが、今のところは悪い予感が的中している。

18年限りでヤクルトから戦力外通告を受け、その後、楽天から提示された育成契約で入団。仙台市出身の由規にとって〝地元球団〟の楽天からのオファーは心機一転のいい機会になる。肩を酷使する振幅の大きいフォームから、上半身の揺れを抑える下半身主体の投球フォームに変われるか。もう後がない由規にとっていいチャンスだと思う。

基本プロフィール
1989年12月5日生まれ。宮城県出身。仙台育英高校→ヤクルト→楽天。

桑原謙太朗

【奈良産業大学→横浜】
2007年大学生・社会人ドラフト3巡目［投手］

プロ入り時点での評価＆特徴

○大学4年春のリーグ戦（奈良大戦）で完全試合を達成し、中央球界にも名前が知られるようになった。
○初動で大きなねじりを入れるクセの強いフォームで、筆者は大学選手権ではじめて見たときに、「あまり好きではない」と思った。
○腰を据えて桑原の投球を見てみると、最速148キロのストレートの速さやスライダーのキレのよさなど注目すべき点が多いことに気づいた。インタビューを読むと技術的な探究心も強く、1年目から一軍登板もありうる。

プロ入り後の推移＆実績

奈良産業大（現・奈良学園大）のエースとして大学選手権に出場。このときは上体に大きなねじりが入る投球フォームのため左肩の開きが早く、プロで活躍するとは思わなかった。プロ入り後3年間で4勝しか挙げられずオリックスに移籍。ここでも4年間で22試合の登板にとどまり0勝0敗。正直、もう終わったと思った。それが3球団目となる阪神移籍3年目、金本知憲監督の目にとまって環境が一変した。17年に67試合に登板して4勝2敗39ホールド、18年も62試合に登板して5勝3敗32ホールドを挙げ、勝利の方程式に名を連ねるのだ。

150キロを超えるストレートに全投球の半分以上を占めるスライダーを交えた横の変化で打者を圧倒する本格派。横浜、オリックス、阪神で経験した9年間の下積みを経て、32歳で野球人生が好転した遅咲きタイプだ。

基本プロフィール
1985年10月29日生まれ。三重県出身。津田学園高校→奈良産業大学→横浜→オリックス→阪神。
2017年に最優秀中継ぎ投手のタイトルを獲得。

第 3 章

統一ドラフト時代①
——2008年～2011年

浅村栄斗《ひでと》

【大阪桐蔭高校→西武】
2008年ドラフト3位［内野手］

プロ入り時点での評価&特徴

○高校3年時の夏の甲子園（2008年）では、決勝までの6試合すべてに1番ショートとして出場。打率・552、2本塁打という圧倒的な成績を残して、大阪桐蔭高の全国制覇に貢献。
○甲子園では、三遊間の深いゴロに素早い動きで追いつき、遠投でアウトにする肩の強さにも驚かされた。
○早晩、西武のレギュラー候補に名前が挙がってくるのではないか。

プロ入り後の推移&実績

大阪桐蔭高の現役、OBに共通する各打者の特徴は積極的なバッティング。その中でも浅村栄斗ほど〝好球必打〟を徹底している選手はいない。110打点でタイトルを獲得した13年は初球を打った打数が112もあり、これは両リーグで最多（2位は阪神・マートンの108）。打率も・317と高かった。

一軍に定着したのはプロ入り3年目の11年。5年目の13年に打点王を獲得し、同時に一塁手でベストナインとゴールデン・グラブ賞にも輝く。16年〜18年には二塁手としてベストナインを受賞、18年には2度目の打点王を獲得し、同年オフにFA権を行使して楽天に移籍。

最大の長所はバランスのよさだろう。13年には安打方向が左翼36％、中堅34％。右翼30％とバランスのよさを示し、左右どちらの投手も苦にしていない。長打を打てて、これまで3割を打った年が3回あり、通算打率は・287。〝ミスター・バランス〟といっていい。

基本プロフィール

1990年11月12日生まれ。大阪府出身。大阪桐蔭高校→西武→楽天。2013年、2018年に打点王のタイトルを獲得。

摂津正

【JR東日本東北→ソフトバンク】
2008年ドラフト5位［投手］

プロ入り時点での評価&特徴

○社会人らしい完成度の高さを誇る実戦派の右腕。
○小さいテークバックと開かない左肩によって生み出される正確なコントロール。ストレートには一定の速さも備わっている。変化球は緩急をつけながらコースの四隅を突いて打者を翻弄する。
○スカウトの評価は「中継ぎの即戦力」。十分やれると思う。

プロ入り後の推移＆実績

ＪＲ東日本東北の先発として8回を投げた08年の都市対抗では、ストレートの最速が１４３キロと速くなかった。それが、リーグ最多の34ホールドを挙げ、最優秀中継ぎと新人王を獲得したプロ１年目には、短いイニングを投げるリリーフということもありストレートは平均で１４０キロ台中盤を計測した。スピードアップと同時に変化球はキレを増し、とくにシンカーは丁寧に低めに集められ、高い奪三振率（11・4）の原動力になった。

３年目から先発ローテーション入りし、15年まで5年連続2ケタ勝利を挙げ、12年には17勝5敗で最多勝と最高勝率の2冠を獲得。沢村賞にも輝いた。高校卒業後、社会人球団に8年間在籍した遅咲きはプロ１年目から戦力になり、あっという間に頂点まで駆け上がった。そして16年に2ケタ勝利が途絶えると18年オフには戦力外通告を受け、10年在籍したソフトバンクを離れた。太く短いプロ野球人生だった。

基本プロフィール

１９８２年6月1日生まれ。秋田県出身。秋田経法大付属高校→ＪＲ東日本東北→ソフトバンク。２００９年に最優秀中継ぎ投手となり新人王獲得。２０１０年、最優秀中継ぎ投手。２０１２年には最多勝、最高勝率のタイトルを獲得し沢村賞を受賞。２０１８年シーズンで現役を引退。プロ通算79勝49敗1セーブ73ホールド、防御率２・98。

西勇輝

【菰野《こもの》高校→オリックス】
2008年ドラフト3位［投手］

プロ入り時点での評価&特徴

○春季東海大会で見たときはいいフォームで投げていたのに、甲子園で見たときには腕が外回りする投球フォームに変化してしまっていた。
○春は130キロ台前半のシュートがよくキレていたが、夏はコントロールが甘いうえにキレ味も鈍くなっていた。夏の甲子園では仙台育英高の1番打者・橋本到（巨人→楽天）に5打数5安打とカモにされた（1対4で初戦敗退）。
○よかった春とよくなかった夏との違いを受けとめることから、西のプロ野球での戦いが始まる。

プロ入り後の推移＆実績

プロ3年目の11年に初勝利とシーズン2ケタ勝利を達成した。菰野高の恩師の言葉、「130キロそこそこの投手が体をしっかり鍛えれば、140キロまで速くなり、プロを狙える投手になれるんだなと教えてくれる」は西の高校時代をよく表している。凄みがなかった代わりに、きれいなフォームで球筋のきれいなストレートを投げ、それがプロでの成功につながったのだ。11年以降の8年間で通算成績は74勝65敗、防御率3・30。19年でも29歳という年齢を考えれば今後、同じ数だけ勝っても不思議でない。

2ケタ勝利が5回という安定感はみごとだが、これまでのタイトル獲得はゼロ。チームメイトだった金子弌大（日本ハム移籍）がはじめてタイトル（最多勝）を獲得したのが27歳のときなのでまだ大きな後れをとっていない。高校時代に注目した制球力のよさは通算与四球率2・27を見てわかるようにプロでも引き継がれている。阪神移籍の今季はホームランが出にくい甲子園球場が味方になる。

基本プロフィール
1990年11月10日生まれ。三重県出身。菰野高校→オリックス→阪神。2012年10月8日の対ソフトバンク戦で平成生まれの投手としては初のノーヒットノーランを達成。

大田泰示《たいし》

【東海大相模高校→巨人】
2008年ドラフト1位［内野手］

プロ入り時点での評価＆特徴

○不器用な未完の大器。清原和博（PL学園高→西武）、松井秀喜（星稜高→巨人）の系譜に連なる「超高校級スラッガー」と評されているが、清原、松井がプロ入り時点で備えていた完成度はない。

○打撃フォームや打席でのタイミングのとり方など課題が多いが、テクニカルな話題に対する問題意識をしっかり持っている点は評価できる。

○モノになるまでに3～5年はかかるだろうが、大切なのはモノになる早さではない。プロ野球人生が終わったとき、清原や松井より上の成績が残っていればいい。そのポテンシャルはある。

プロ入り後の推移＆実績

08年に1位指名され巨人入り、与えられた背番号は松井秀喜が背負っていた55だった。それが重荷だったのか09年～16年のあいだに放ったヒットは通算100本のみ。それが日本ハムに移籍した17年に110安打を放ち、18年が105安打。高校時代から高く評価されていた才能が徐々に開花しつつある。過去2年、長打率は4割を超え、長打率と出塁率を足した数値OPSは規定打席未到達ながら18年に8割を超えた。

大田が注目されたのは移籍初年の17年6月9日から始まった交流戦、巨人との3連戦だろう。ここで10打数7安打（2本塁打）と大爆発したのだ。2回戦で田口麗斗、3回戦では交換トレードの相手、吉川光夫からソロホームランを放って5対1と突き放した。東海大相模高時代からバッティングの型を求めて遠回りしたが、起用され続けることでフルスイングするタイミングが固まっていった。素質の完全開花を目前にしている。

基本プロフィール

1990年6月9日生まれ。広島県出身。東海大相模高校→巨人→日本ハム。

上本博紀《ひろき》

【早稲田大学→阪神】
2008年ドラフト3位［内野手］

プロ入り時点での評価&特徴

○職人肌のプレーに定評がある二塁手。バッティングでは大学通算109安打（リーグ歴代13位・当時）。
○東京六大学の中心選手にありがちな、ませた（堅実ではない）プレーが多く見られるのがマイナス要素。全力でプレーすることをどこかで恥じる、職人のような気難しさを感じさせる。
○阪神のセカンドには、他ポジションとの掛け持ちで平野恵一、関本賢太郎、藤本敦士といるが、上本が「専任セカンド」の迫力を見せることができればポジション奪取も夢ではない。

プロ入り後の推移＆実績

プロ入りして以来、成績が乱高下している。プロ4年目の12年に50安打を放ちながら翌13年にメジャー帰りの西岡剛が入団して25試合の出場にとどまった。それ以降も糸原健斗の入団や鳥谷敬、大和の二塁コンバートなどが続き、そういう中で17年には2回目の100安打以上を放つが、18年には二盗した際に左ヒザを負傷し、それ以降の欠場を余儀なくされた。

盗塁数は通算87個と多くはない。それでも過去3年間は24回企図して失敗は1個だけ、成功率・958はみごとだ。早稲田大時代、早慶戦でホームスチールを成功させたように、ここ一番の勝負勘は阪神の中でもトップクラス。守備もいいが、それがかえってマイナスに働いている面もある。プレー中に脚部を故障する不運が続いているのだ。18年は故障するまで打率・422、OPS1・037という高率だっただけに惜しまれる。高校時代の上本を2学年下の柳田悠岐（ソフトバンク）は「あの人は天才」と言う。

基本プロフィール
1986年7月4日生まれ。広島県出身。広陵高校→早稲田大学→阪神。

菊池雄星

【花巻東高校→西武】
2009年ドラフト1位［投手］

プロ入り時点での評価&特徴

○「20年に1人の逸材」といわれ、ドラフトでは6球団が競合。最速154キロのストレートに加え、フィジカル面や技術面のレベルの高さを考えると「20年に1人」どころか、「史上稀に見る左腕」といえる。
○高校時代に150キロ以上を計測した左腕投手としては、高井雄平（東北高→ヤクルト）や辻内崇伸（大阪桐蔭高→巨人）がいるが、菊池はあらゆる面で、この2人を上回っている。
○オーバースローか、スリークォーターかで論争が勃発。注目選手だけに周囲からいろいろな意見をいわれるだろうが、他人の意見に惑わされないでほしい。

プロ入り後の推移&実績

09年のドラフト前、強烈なメジャー志向を宣言して球界を混乱させた。新人年から4勝→4勝と推移、モノになるまで時間のかかる高校卒としては早く結果が出たほうだが、期待感が大きかったため、〝伸び悩み〟のようにいわれた。規定投球回到達と2ケタ勝利を達成したのは7年目の16年と遅い。この年から3年続けて2ケタ勝利を挙げて、18年までの通算成績は73勝46敗、防御率2・77。一流投手のメジャー移籍は90勝超えが多いので、彼らとくらべると菊池は1年分球団への貢献が不足したといってもいい。

キャリアハイは17年。16勝6敗で最多勝、防御率1・97で最優秀防御率に輝くのだ。これほど活躍してもソフトバンクには相性が悪く、初勝利は18年の9月28日まで持ち越される。19年にポスティングシステムを活用してメジャーリーグのマリナーズに移籍。契約内容は最大7年126億円という大型だった。勝負球のスライダーに加え、西武時代はあまり投げなかったチェンジアップの精度を上げ、1年目から2ケタ勝利をめざす。

基本プロフィール
1991年6月17日生まれ。岩手県出身。花巻東高校→西武→MLB。2017年に最多勝、最優秀防御率のタイトルを獲得。

今宮健太

【明豊高校→ソフトバンク】
2009年ドラフト1位［内野手］

プロ入り時点での評価&特徴

○ホークスが地元九州の高校生野手をドラフト1位で指名したのはなんと11年ぶり（1998年の九州学院・吉本亮以来）。
○高校時代は内野手兼投手として活躍。夏の甲子園（2009年）での活躍で評価がグンと上がった。準々決勝で菊池雄星を擁する花巻東高に敗れたが、この試合でストレートが最速154キロをマーク。
○高校通算62本塁打だが、プロでは1番、2番のチャンスメーカーとしての役割が期待されている。

プロ入り後の推移＆実績

プロ4年目の13年に124安打を放ち、13年から17年までゴールデン・グラブ賞を連続受賞、ベストナインにも2回輝いている。通算打率・247、本塁打52でわかるように不動のチャンスメーカー、ポイントゲッターというタイプではない。中心選手が還しそこねた走者を還す役割、それがもっともしっくりくる。50打点以上挙げたのはこれまで2回だけだが、勝負強さは天下一品で、体勢を崩してもタイムリーを放つシーンを何度も見た。

ゴールデン・グラブ賞5回獲得でわかるように最大の持ち味はショートの守備。深い守備位置で構え、三遊間から二遊間まで広いフィールドをカバーする姿はホークスファンより、相手チームのファンのほうが嫌な印象として残っているだろう。この年のドラフトでソフトバンクが指名した5人の中で現在も残っているのは今宮1人だけ。その1人がジャパン代表クラスなら、あとの4人が出てこなくても「失敗ドラフト」という感じはしない。

基本プロフィール

1991年7月15日生まれ。大分県出身。明豊高校→ソフトバンク。2013年から2017年まで5年連続でゴールデン・グラブ賞を受賞。

長野《ちょうの》久義

【Honda↓巨人】
2009年ドラフト1位［外野手］

プロ入り時点での評価&特徴

○過去2回、他球団からの指名（日本ハム4巡目、ロッテ2位）を受けたがいずれも拒否し、3度目のドラフトで念願の巨人入団を果たす。
○日本大学時代は4年春・秋のリーグ戦で首位打者、ホンダ入社後は07年、09年にベストナイン、09年の都市対抗では打率・579で首位打者。大学時代から国際大会での活躍も目立ち、強肩を誇る外野守備、手を抜かない走塁も文句なし。
○外国人選手のように打席の真ん中で構えて広角に打てるのが魅力だが、強いボールで内角を突かれた後、外への変化球を投げられて空振り三振という攻略法がずっと有効なのが気になるところ。

プロ入り後の推移＆実績

日大時代から打席の中央に立つＭＬＢスタイルで注目されていた。社会人のＨｏｎｄａ時代に巨人から1位指名されてプロ入り。1年目に打率・288、安打124、本塁打19を挙げ中心選手になる。2年目には打率・316で首位打者を獲得、翌12年は173安打で最多安打を獲得、まさに順風満帆な出足となった。13年のＷＢＣではジャパン代表に選出され、打率・222はたいしたことはないが、強豪・オランダ戦で2安打、5打点を挙げ、準決勝進出を後押しした。

11年〜13年にゴールデン・グラブ賞に輝いているように強肩と俊足を生かした外野守備はリーグでも上位。この3年間はベストナインも獲得している。14年以降、盗塁数が1ケタ台に落ちたのと同時に打撃面の数字も下降していく。18年には、プロ入り以来20個台だった二塁打の数も10個台に落ちている。ＦＡ移籍の丸佳浩の人的補償で19年から広島に移籍。環境の大きな変化を追い風に、12年以来の3割復活がテーマ。

基本プロフィール

1984年12月6日生まれ。佐賀県出身。筑陽学園高校→日本大学→Ｈｏｎｄａ→巨人→広島。2010年に新人王、2011年に首位打者、2012年に最多安打のタイトルを獲得。

筒《つつ》香《ごう》嘉《よし》智《とも》

2009年ドラフト1位　【横浜高校→横浜】〔内野手〕

プロ入り時点での評価&特徴

○「体が大きくて力持ちなだけ」という横浜高にときどき現われるタイプの選手に見えて、第一印象はあまりよくなかった。

○高校2年時の夏の甲子園で、打率・526、本塁打3、打点14という好成績を残した。この大会で見た筒香は「強打者」の部分ではなく、「考えて、打つ」という部分が圧倒的に光っていた。

○横浜高の3年間で、状況に応じてバッティングを変えて結果を残せる強打者に成長した。投手不足に悩む横浜があえて時間のかかる高校生野手を1位で指名しても、それが筒香なら違和感はない。

プロ入り後の推移＆実績

筒香ほどの実力者でもシーズン100安打するのはプロ入り5年目。高校卒の野手にとって一軍定着がいかに難しいかわかる。5年目の14年に打率・300（安打123）、本塁打22、打点77を挙げてからは安定している。16年には本塁打44、打点110で初タイトルを獲得し、打率・322でわかるようにホームランか凡打かという〝無茶振り〟タイプではない。日本球界では3冠王にもっとも近い選手といっていい。

18年オフの契約更改後の記者会見で話題になったのがポスティングシステムを活用したメジャーリーグへの移籍だ。MLBでプレーする夢がある、と伝えただけというが、19年に150本打てば通算安打は1000本を超える。この大台はメジャー移籍を希望する選手にとっては基準ラインといっていい。問題はDeNAが10年以降のドラフトで〝ポスト筒香〟になり得る人材を指名していないことだ。

基本プロフィール
1991年11月26日生まれ。和歌山県出身。横浜高校→横浜。2016年に本塁打王、打点王の2冠を獲得。

秋山拓巳

【西条高校→阪神】
2009年ドラフト4位【投手】

プロ入り時点での評価&特徴

○ドラフトの前は1位で指名されるレベルの選手だと思っていたので、4位指名という低評価に驚いた。

○最速150キロを超えるストレートは伊良部秀輝（元ロッテ、阪神など）を彷彿とさせるボリュームがあり、カットボールとシュートという左右対になる変化球を持っているので、投球に奥行きと幅もある。

○高校生の育成がうまくない阪神だが、秋山は技術的にはもちろんのこと、体力的にもある程度できあがっている選手なので、できるかぎり早めに実戦機会を与え、大成に力を貸すべき。

プロ入り後の推移＆実績

09年に4位指名されプロ入りし、18年までの通算成績は23勝27敗なので、私の基準（投手は50勝以上など）では「成功選手」に達していない。視点を変えてこの年に1位～3位指名された選手で現在も阪神に残っているのは0人。これは12球団中、阪神だけだ。下位指名の4位秋山、5位俊介、6位原口文仁が残っているのがドラフト下手の阪神らしい。ちなみに、指名した6人中4人が大学卒、2人が高校卒で、残っているのは大学卒1人、高校卒2人。前年の08年は4人全員が大学生で、残っているのは3位の上本博紀だけ。大学生主体のドラフト戦略は今も昔も結果が出ていない。

秋山は新人年の10年にいきなり7試合に登板して4勝3敗、防御率3・35という成績を挙げている。翌年は一軍に定着してもよさそうだが、11年～16年の成績は2勝8敗。抜擢の機会を逃した見本といってもいいが、17年に12勝6敗を挙げて頭角を現した。

基本プロフィール
1991年4月26日生まれ。香川県出身。西条高校→阪神。

原口文仁《ふみひと》

【帝京高校→阪神】
2009年ドラフト6位【捕手】

プロ入り時点での評価&特徴

○秋山拓巳（阪神・4位指名）と同じように、ドラフトでの評価（6位指名）が低いと思った選手。
○野球偏差値がきわめて高い捕手。雑誌の取材でインタビューをして、じつに目配りの行き届いた捕手だと感心した。打者を観察するポイントが的確で理にかなっている。
○城島健司の後を狙える逸材の1人であることは間違いない。

プロ入り後の推移＆実績

一軍に初出場したのがプロ7年目の16年。いきなり107試合に出場して、打率・299、安打95、本塁打11、打点46を挙げた。帝京高時代は打つことよりディフェンス、とくにインサイドワークのほうが評価されていた選手なので、バッティングで頭角を現したのは意外だった。飛躍した16年に何があったかというと、若手の抜擢に積極的だった金本知憲が監督に就任した。もし金本監督でなかったら現在のような一軍戦力にとどまっていられなかったかもしれない。

現在の役割は〝代打〟。18年は35安打を放ち、このうち23本が代打で記録したもの。この本数は桧山進次郎が08年に記録したものと同数で、シーズン代打安打の球団タイ記録。18年は捕手として32試合に出場しているが、盗塁阻止率は16年の・233を見れば全幅の信頼を寄せられない。捕手としての復活をめざした19年1月、大腸ガンの手術を公表。出遅れ必至の逆風の中、どう立ち直っていくのか注目したい。

基本プロフィール
1992年3月3日生まれ。埼玉県出身。帝京高校→阪神。

大石達也

【早稲田大学→西武】
2010年ドラフト1位［投手］

プロ入り時点での評価&特徴

○ドラフトでは6球団が競合した早稲田大の守護神。
○打者の近くでボールが伸びる規格外のストレートが武器。大学時代は155イニングを投げ、奪三振は驚異の217個。
○大学3年以降、成績を落としたのは技術的な問題（右打者の内角を攻めにくい投球フォーム）が原因。いくら圧倒的なストレートを持っていても、このままならプロの打者に難なく攻略されるはず。

プロ入り後の推移&実績

10年のドラフトでは、同じ早稲田大投手の斎藤佑樹（日本ハム）が4球団、福井優也（広島→楽天）が広島の外れ1位、そして大石達也が6球団の1位入札を受けてプロ入りした。彼らより無名で、なおかつ地方の大学リーグに在籍し、指名順位も下位の柳田悠岐（ソフトバンク）と秋山翔吾（西武）がジャパン代表クラスに育っていることを思うと複雑な思いがする。

プロ入り6年目の16年、リリーフで36試合に登板し、防御率1・71を挙げたのがもっとも存在感を発揮した年だ。右腕がテークバック時に深く背中のほうまで入る投球フォームが矯正ポイントと多くの人が評したが、その悪癖はこれまで改められた形跡がない。ストレートは大学時代、最速155キロを計測し、1年〜2年時の防御率は0・31、奪三振率は14・98と高いが3年〜4年時になると急降下。大学時代後半の成績低迷を持ち越してプロ入りしているのは斎藤佑樹と一緒だ。150キロ超えのストレートは望めないので、スライダーとフォークボールに一層の磨きをかける。

基本プロフィール
1988年10月10日生まれ。福岡県出身。福岡大学大濠高校→早稲田大学→西武。

牧田和久

【日本通運→西武】
2010年ドラフト2位［投手］

プロ入り時点での評価&特徴

○緩急を自在に操る「時間の魔術師」。投球間隔、投球モーション、クイックなどの動作はすべて追いたてられるように速いのに、肝心のボールは遅い。この「チェンジアップ効果」に打者は幻惑される。
○球速はないが、強烈に腕を振って右打者の内角いっぱいにねじ込んでくるので打者は踏み込めない。
○6回～7回をゲームプランできる頭脳と球種があり、起用法は先発が適任。

プロ入り後の推移&実績

関甲新大学野球リーグの平成国際大から日本通運を経てプロ入り。新人年の11年は主にリリーフで55試合に登板し、5勝7敗22セーブで新人王に輝いた。12年〜15年は先発で投げ、16年、17年はリリーフとチーム事情によって役割が代わっていったが、通算53勝49敗25セーブ54ホールドは十分成功選手として認められる数字だ。牧田が1年目から活躍したことで11年以降、安達了一（オリックス）、岡島豪郎（楽天）、井納翔一（DeNA）、高梨裕稔（日本ハム）、笠原祥太郎（中日）、大山悠輔（阪神）など関甲新大学野球リーグ出身者が増えた。まさに同リーグの功労者といっていい。

平均130キロ台前後のストレートは速くないが、腕を振って投じられるカーブ、シンカーなどの変化球を交えることによって緩急を操れるようになった。18年にポスティングシステムを活用してパドレスに移籍、オフに戦力外となった。今季はパドレスの3Aから開幕メジャーを狙う。

基本プロフィール
1984年11月10日生まれ。静岡県出身。静清工業高校→平成国際大学→日本通運→西武→MLB。
2011年に新人王獲得。

秋山翔吾

【八戸大学→西武】
2010年ドラフト3位［外野手］

プロ入り時点での評価&特徴

○即戦力度がかなり高い。1番、2番を打つチャンスメーカータイプとしても、長打と確実性を備えた3番打者タイプとしても可能性がある。

○文句なしの脚力と、脚力以上に目を引く強肩。肩の強さなら現在の12球団の選手の中でもトップクラス。

○大学4年秋の明治神宮大会では打撃フォームがかなりコンパクトになっていた。プロ入り後を意識しての変化だと思われるが、個人的にはそこまでフォームを小さくする必要はないと思う。

プロ入り後の推移＆実績

地方の大学リーグに注目してきた西武の最大のヒットといっていい。2年目の12年には早くも100安打以上放ち、15年は柳田悠岐（ソフトバンク）と熾烈な首位打者争いを演じ、2位になったもののマートン（阪神）のプロ野球記録を超える216安打を放ち、初タイトルとなる最多安打を受賞した。

走攻守が高いレベルでそろい、チャンスメーカーでありながら、長打も期待できる。17年、18年は本塁打25本、24本を放ち、長打率は5割、OPSは9割を超えた。打者走者の一塁到達ではコンスタントに4・3秒未満を計測し、17年のWBCではオランダ代表のバンデンハーク（ソフトバンク）の150キロストレートをセンター前に弾き返し、このときの一塁到達は4・26秒という速さだった。打てて走れて、外野守備も超一流。柳田とともに30歳越えでのメジャー移籍が期待されているが、稲葉篤紀・侍ジャパン監督は20年の東京五輪出場を熱望している。17年に首位打者、18年には3度目の最多安打を獲得している。

基本プロフィール
1988年4月16日生まれ。神奈川県出身。横浜創学館高校→八戸大学→西武。最多安打3回（2015年、2017年、2018年）、首位打者1回（2017年）。

柳田悠岐《ゆうき》

【広島経済大学→ソフトバンク】
2010年ドラフト2位［外野手］

プロ入り時点での評価&特徴

○広島六大学リーグでは首位打者4回。身体能力、運動能力の高さが目立つ。
○力みが目立つ打撃フォーム。現在のままでは、プロの投手の手元で伸びるストレートには対応できないのではないか。
○走力と守備力はすでに高いレベルにある。バッティングさえ修正できれば一軍定着は確実だが、それがいつになるかまったく予想できないほど、現時点の柳田のバッティングは粗っぽい。

プロ入り後の推移＆実績

大学時代はそれほど知られた存在ではなかったがプロ4年目の14年に100安打以上を放つと、翌15年に打率・363を挙げ首位打者を手中にした。このとき激しくタイトルを争ったのが秋山翔吾（西武）で、ともに10年のドラフトで秋山は西武の3位、柳田はソフトバンクの2位指名を受けてプロ入りしている。共通点はそれだけではない。柳田は広島経済大、秋山は八戸大という地方大学出身者なのだ。地方リーグ勢の充実を物語る例として、彼らほど象徴的なモデルはいない。

5年目の15年には32盗塁、34本塁打を記録して、セ・リーグの山田哲人（ヤクルト）とともに〝トリプルスリー〟を達成。またMVPとともに打率・363を放って初の打撃タイトルも受賞している。18年には打率・352で2度目の首位打者を獲得、今や日本を代表するポイントゲッターといっていい。恥ずかしながら大学時代の柳田を見て、これほどの名選手になるとは夢にも思わなかった。

基本プロフィール

1988年10月9日生まれ。広島県出身。広島商業高校→広島経済大学→ソフトバンク。首位打者2回（2015年、2018年）。最高出塁率4回（2015年～2018年）。2015年にトリプルスリーを達成。

斎藤佑樹

【早稲田大学→日本ハム】
2010年ドラフト1位［投手］

プロ入り時点での評価&特徴

○甲子園優勝で大フィーバーを巻き起こし、早稲田大学でも通算31勝（歴代14位タイ）、奪三振は323（歴代9位）、国際大会でも活躍しており、「人気だけ」という評価は当たらない。
○日本ハムのキャンプ地を訪れたファンへの成績予想アンケートでは、1年目は「5勝～9勝」という回答が最多。ファンは意外と冷静に見ている。
○大学時代は、学年が上がるごとに打者に対応されるようになった（勝ち星・防御率とも大学1年・2年時が上）。プロでも1年目は5勝～10勝程度を期待できるが、2年目以降の成績が非常に読めない選手といえる。

プロ入り後の推移＆実績

早実、早稲田大で人気が高く、プロ1年目は6勝6敗、2年目は5勝8敗でプロ生活をスタート。3年目からの本格化が期待されたが13年以降は4勝10敗と精彩がない。地方の大学リーグ出身者の柳田悠岐（ソフトバンク）、牧田和久（西武→パドレス）、秋山翔吾（西武）、塩見貴洋（楽天）がドラフト同期生にいて、そろって活躍しているのを見ると「東京六大学、東都大学リーグが大学野球の中心」という見方を改めなければいけないのかと思ってしまう。

斎藤は変化球主体の技巧派なので、変化球で打者を翻弄しなければならないが、そのためにはストレートの質を上げることが必須。成績が下降しはじめた早稲田大3年以降の斎藤は技巧だけでプロを乗りきれると考えていたのではないか。11年版『問題だらけの12球団』に5勝～10勝の勝ち星予想をしながら「問題は2年目以降、その成績を維持できるかどうかということ。その予測が斎藤の場合、非常に難しい」と書いた。そのとおりになっていることがうれしくない。

基本プロフィール
1988年6月6日生まれ。群馬県出身。早稲田実業高校→早稲田大学→日本ハム。

西川遥輝《はるき》

【智弁和歌山高校→日本ハム】
2010年ドラフト2位［外野手］

プロ入り時点での評価＆特徴

○高校1年の夏からずっと注目されてきた高校球界のスター。
○内野・外野ともに守れるアスリートタイプの好打者で、足の速さが最大の武器。
○課題はバッティング。高校時代はケガに悩まされ続け、プロの野手に必須のバット操作の上手さを身につけられなかったのが大きなマイナス要素といえる。

プロ入り後の推移＆実績

06年ジャイアンツカップのエキシビションゲームでのこと、中学2年だった西川はバントをしたとき4・11秒で一塁に到達している。この時代の中学生は4秒台後半から5秒をかけて一塁に駆け込むのが当たり前だったので、4・11秒という速いタイムを中学2年生が計測したことで強く印象に残っている。智弁和歌山高では春夏通算4回の甲子園大会出場を果たし、10年のドラフト2位でプロ入り。順風満帆な野球人生だが、高校時代は故障続きで満足な状態でプレーしたことがなかった。

プロでも故障で苦労すると思ったが2年目には71試合に出場し、32安打を放っている。シーズン100安打は4年目の14年。それから5年連続で100安打以上を記録し、盗塁王には3回輝いている。外野手として2回ゴールデン・グラブ賞に輝いているのもみごと。通算盗塁226に対して盗塁失敗はわずかに33。成功率・873は歴代1位（200盗塁以上を対象）。NPBで199盗塁のイチローの成功率・858を上回っているのが凄い。

基本プロフィール
1992年4月16日生まれ。和歌山県出身。智弁和歌山高校➡日本ハム。盗塁王3回（2014年、2017年、2018年）。

山田哲人《てつと》

【履正社高校→ヤクルト】
2010年ドラフト1位［内野手］

プロ入り時点での評価＆特徴

○斎藤佑樹（→日本ハム）、塩見貴洋（→楽天）を抽選で外した末の「外れ外れ1位」だが、ヤクルトの弱点補強として見れば的確な指名といえる。
○夏の甲子園（2010年）、天理高戦で山田が放ったヒットを見て「モノが違う」と思った。
○脚力も上々。遊撃には売り出し中の川端慎吾がいるので、4年～5年後をめどに大型三塁手として育成できれば、ヤクルトのセールスポイントになるかもしれない。

プロ入り後の推移＆実績

打率3割、本塁打30本、盗塁30個、これをシーズン中に達成すると〝トリプルスリー〟と呼ばれる。この達成者は過去に山田を含めて10人いて、山田以外は1回しか達成していない。「安定感・長打・俊足」を同時に備えることの難しさを物語っているが、山田は15年、16年、18年の3回達成している。15年は打率・329、本塁打38、盗塁34で本塁打王、盗塁王に輝き（この2冠は史上初。リーグMVPも獲得）、16年は打率・304、本塁打38、盗塁30（盗塁王）、18年は打率・315、本塁打34、盗塁33（盗塁王）。

動きの大きい一本足打法は小さく鋭く動く変化球を備える外国人ピッチャーに対応できないといわれるが、15年のWBSCプレミア12では打率・308、17年のWBCでは打率・296を記録し、ホームランも2本ずつ放っている。これほどの選手がドラフトでは「外れ外れ1位」だったことが驚きである。前年の筒香嘉智とともに現在の「高校生野手人気」を呼び寄せた張本人である。

基本プロフィール

1992年7月16日生まれ。兵庫県出身。履正社高校→ヤクルト。最多安打1回（2014年）、本塁打王1回（2015年）、最高出塁率1回（2015年）、盗塁王・トリプルスリー3回（2015年、2016年、2018年）。

澤村拓一《ひろかず》

【中央大学→巨人】
2010年ドラフト1位［投手］

プロ入り時点での評価＆特徴

○新人王候補のナンバーワンであり、これからの巨人投手陣の柱となりうる本格派右腕。入団1年目にして巨人の命運を左右する存在。
○プロ入り前にインタビューを3回行なったが、話を聞くたびに意識の高さに驚かされた。
○厳しいコースに投げ込める最速157キロのストレートのほか、高い位置でブレーキがかかり空気を裂くように落ちてくるスライダーも勝負球として十分通用する。

プロ入り後の推移＆実績

統一ドラフトになった08年以降、「巨人以外なら拒否」を打ち出したのが長野久義、菅野智之、澤村拓一の3人。長野は首位打者と最多安打、菅野は最多勝、最優秀防御率、沢村賞など多数、澤村は最多セーブポイント投手……等々、成果を挙げている。澤村は11年の新人王にも輝いているが、08年山口鉄也、09年松本哲也、10年長野に続いて4年連続して巨人の選手が新人王を受賞しており、これはプロ野球では巨人だけがなしとげている。

澤村で特筆されるのはウェイトトレーニングの迫力。普通、シーズンオフにやる選手が多いが、中央大時代の澤村はシーズン中にも中1日、2日で行なっていたといい、その内容もスクワット（170キロ）、ジャンピングスクワット（50キロ）という激しさだった。ストイックさでは大谷翔平（エンゼルス）にも引けをとらない。15年、16年は抑え役として35セーブ以上を挙げたが、18年は中継ぎに役割変更。もう一度守護神の座に戻りたい。

基本プロフィール

1988年4月3日生まれ。栃木県出身。佐野日大高校→中央大学→巨人。2011年に新人王、2016年に最多セーブのタイトルを獲得。

大野雄《ゆう》大《だい》

【佛教大学→中日】
2010年ドラフト1位［投手］

プロ入り時点での評価＆特徴

○左肩痛で大学4年秋のリーグ戦を全休したが、入団する中日は故障持ち新人選手の戦力化に定評があるので不安は少ない。
○ストレートの威力は左腕としては圧倒的。大学4年春のリーグ戦ではストレート9割の投球で7勝1敗、防御率0・55。
○ハーレム国際大会ではアマチュア最強のキューバ打線相手に2失点完投という結果を残す。

プロ入り後の推移&実績

佛教大4年春のリーグ戦のあと世界大学野球選手権の代表メンバーから大野が洩れて、選考方法に疑問を呈したことがある。この年を境に大学球界の「東京」と「地方」の勢力図に逆転現象が見られるようになるので、大野には先見の明があったのかもしれない。

新人年は1試合の登板にとどまるが2年目に4勝3敗で頭角を現し、3年目の13年から3年続けて2ケタ勝利を挙げる。15年は5月の月間MVPに輝き、リーグ最多の207回3分の1を投げているのでキャリアハイといってもいいが、翌16年から勝ち星が1ケタ台にとどまり、18年は1勝もできなかった。また大野がエース格になった13年以降、中日は6年連続Bクラスに低迷している。大野にとってはうれしくない同期現象である。

18年オフはネット上に〝トレード候補〟として名前を挙げられることもあった。ウェイトトレーニング全盛の今、30歳代前半は衰える時期ではない。もうひと花咲かせたい。

基本プロフィール
1988年9月26日生まれ。京都府出身。京都外大西高校→佛教大学→中日。

武田翔太

【宮崎日大高校→ソフトバンク】
2011年ドラフト1位［投手］

プロ入り時点での評価＆特徴

○高校からプロ入りする投手としては前田健太以来の完成度の高さ。ソフトバンクの永山勝スカウト部長いわく「菅野（智之）か、武田かで迷いましたよ」。
○脱力をテーマにしたゆったりしたフォームから、最速151キロのストレート、スライダー、カーブ、カットボール、シュートと多彩に投げ込む。
○フィジカル面の素質だけでなく、脇目もふらず野球に向かっていけるメンタル面の素質も素晴らしい。2年目くらいから一軍に定着できる能力を備えている。

プロ入り後の推移&実績

11年のドラフト1位でプロ入りし、新人年の12年にいきなり8勝1敗、防御率1・07を挙げて注目を集めた。投球フォームは真上から腕を振る純正のオーバースロー。生命線は高角度から投げ下ろされる最速150キロクラスの快速球と横ブレのない縦割れカーブで、新人年は打たれても、打ちとっても、笑顔でマウンドに立っていた。

15年、16年は先発ローテーションに入り、2ケタ勝利を挙げる。17年に2ケタ勝利が途絶え、18年は完封が3つありながら後半はリリーフに役割を代え、ポストシーズンでは勝利の方程式に名をつらねる。クライマックスシリーズはファーストステージの日本ハム戦、ファイナルステージの西武戦の計3試合に登板して自責点0。日本シリーズでも広島戦に5試合登板して、ポストシーズンの全成績は13回投げて被安打8、自責点1。防御率は0・69という盤石ぶりだった。これほどの素材でありながら、現在までのタイトル獲得はゼロ。チームメートの千賀滉大も無冠なので、2人のタイトル争いがファンの望みである。

基本プロフィール
1993年4月3日生まれ。宮崎県出身。宮崎日大高校→ソフトバンク。

近藤健介

【横浜高校→日本ハム】
２０１１年ドラフト4位［捕手］

プロ入り時点での評価＆特徴

○ＡＡＡアジア野球選手権で全日本の正捕手として活躍。
○肩は送球タイム的には物足りないが、二塁ベースの右寄り低めにきっちり投げられるコントロールがあり、実戦向きといえる。
○懸念されるのは１７１センチという上背のなさ。ホームクロスプレーで当たり負けしないかが心配。

プロ入り後の推移＆実績

13年春先の教育リーグ、ヤクルト戦で新人の大谷翔平がプロ初登板した試合、近藤は5番・捕手でスタメン出場し、イニング間最速1・96秒の二塁送球を見せている。1回には川端慎吾の二盗を阻止し、このときの二塁送球が2・18秒だった。しかし、その翌年くらいから投手への返球ですらワンバウンドするイップスに襲われ、三塁あるいはレフトに守備位置を移し、18年は1試合も守っていないのに登録は「捕手」だった。要するに18年までの近藤は守備位置に関しては〝ジプシー〟といってもいい存在だった。

守備位置は定まらないが、15年は打率・326（リーグ3位）、18年は打率・323（同3位）というみごとな成績を残し、17年は故障でチームを離脱する6月初旬まで打率4割台を記録している（9月下旬に復帰し、最終的な打率は・413）。さらにこの年のOPS（長打率＋出塁率）は11割2分4厘。

173センチの上背のなさがまったく気にならない、リーグ屈指の強打者といっていい。

基本プロフィール

1993年8月9日生まれ。千葉県出身。横浜高校↓日本ハム。

上《うわ》沢《さわ》直之

【専大松戸高校→日本ハム】
2011年ドラフト6位［投手］

プロ入り時点での評価＆特徴

◯筆者としては、ダイヤモンドの原石だと思っている。高校1年のときから見続けているが、悪いところをほとんど見たことがない。ドラフトでは3位以内で指名されると予想していた。

◯好投手に特有の「へ」の字の形でボールが飛び出していくのは、リリースでボールをしっかり抑え込めているから。

◯球速はプロとしては平凡だが、打者寄りでひと伸びし、正確に外角を突くコントロールも絶品。変化球のキレもよく、2年〜3年で一軍昇格できる大器。

プロ入り後の推移＆実績

上沢をはじめて見たのは高校1年春の千葉大会だ。このとき1人の打者に投げて三振を奪った。背番号20を付けた同年秋の千葉大会では1イニング3分の1、翌年夏の千葉大会では3回3分の1を投げるのを見て、いずれも強く印象に残った。この秋の千葉大会後にはじめて話を聞き、ストレートの最速は143キロ、背筋は180キロ、50メートル走の速さは7秒くらいだということを知った。いずれも目をむく記録ではないが、投げるフォームが素晴らしく気にならなかった。3年春の関東大会、前橋商戦では3安打、2四球の内容で1失点完投勝ちし、これを見てドラフトでは3位くらいで指名されると思っていた（実際は6位指名）。

小学校時代はサッカーをやり、野球を始めたのは中学から。つまり私が最初に見たとき、上沢の野球のキャリアはわずか4年だった。そういう選手がプロ3年目で8勝8敗を挙げ、18年には11勝6敗でエース格にのし上がるのである。日本ハムにとって大谷翔平のエンゼルス移籍が苦にならないほど風格に秀でた若き本格派といえる。

基本プロフィール
1994年2月6日生まれ。千葉県出身。専大松戸高校→日本ハム。

島内宏明

【明治大学→楽天】
2011年ドラフト6位［外野手］

プロ入り時点での評価&特徴

○走攻守のバランスが少しいびつな外野手。走と攻の評価は高いが、守備の評価がかなり低い。
○打者走者としての一塁到達タイムはつねに4・3秒未満をクリアする俊足。
○大学時代、毎試合のように試合終盤に守備要員と交代する姿を見て、これほどの足を持つ選手がなぜ守れないのか不思議だった。プロでの課題はもちろん守備。

プロ入り後の推移＆実績

明治大時代、実質的なリーグ戦出場は3年秋からという遅咲きで、それ以降3季の成績は打率・400（規定打席未到達）、打率・385（リーグ3位）、打率・349（リーグ6位）と高いレベルで推移する。島内が6位でプロ入りしてから東京六大学リーグ出身者で3位以下の指名でプロ入りしたのは茂木栄五郎（早稲田大→楽天、15年3位）、大城滉二（立教大→オリックス、15年3位）、18年新人王の田中和基（立教大→楽天、16年3位）と続き、皆好調だ。

プロ入り後の一軍定着は98安打を放った16年から。同じ外野手でドラフト同期の岡島豪郎（11年4位）と競り合ってきたが、100安打以上を放った17年、18年以降、島内がレギュラーに近い位置を占めるようになった。大学時代は途中で守備交代させられることが多かったが、プロでの外野手としてのエラーは17年、18年とも1個ずつで安定してきた。全力疾走も大学時代から変わらず、18年はキャリアハイとなる11盗塁を記録した。

基本プロフィール
1990年2月2日生まれ。石川県出身。星稜高校→明治大学→楽天。

藤岡貴裕

【東洋大学→ロッテ】
2011年ドラフト1位［投手］

プロ入り時点での評価&特徴

○新人王候補の最右翼。菅野智之（東海大→巨人）、野村祐輔（明治大→広島）とともに「大学ビッグ3」と称され、ドラフトでは3球団が競合。

○左腕から繰り出されるストレートの最速は153キロ。変化球もカーブ、スライダー、カットボール、フォークとそろい、ストレートと同じ腕の振りで投げ込める。コントロールもいい。

○新人の活躍を予想するとき、通常は「2ケタはいけるハズ」と少しあやふやな表現を使うが、藤岡については自信を持って「2ケタ勝てる」と書ける。

プロ入り後の推移＆実績

高く評価した選手がプロ入り後、伸び悩むことがある。大場翔太（東洋大→ソフトバンク）、そして藤岡が代表的な選手だ。東洋大時代の通算成績は27勝9敗、防御率1・31。在籍していた08年～11年の4年間（8季）、東洋大の優勝は5回を数えた。同期に吉田一将（日本大）、高木京介（国学院大）、ライバルの亜細亜大には1学年下に東浜巨、2学年下に九里亜蓮、3学年下に山﨑康晃が勢ぞろいしていた。そういう時代に彼らを寄せつけなかった。

これほど絶対的な存在で、東洋大時代に60イニング以上投げたのも2シーズンだけ。つまり酷使されていなかった。そういう選手がプロで伸び悩み、ほとんどリーグ戦で実績のない九里や薮田和樹（ともに亜細亜大→広島）が実績を積み上げていく。あえて伸び悩む原因を探せば、コントロール重視で、ピッチングをまとめようとし過ぎたことだろうか。若手の育成に実績のある日本ハムに18年途中に移籍。ここからどう変わっていくのか興味がある。

基本プロフィール
1989年7月17日生まれ。群馬県出身。桐生第一高校→東洋大学→ロッテ→日本ハム。

鈴木大地

【東洋大学→ロッテ】
2011年ドラフト3位 【内野手】

プロ入り時点での評価&特徴

○新人王候補の伏兵。実戦的なプレースタイルが最大の魅力。
○亜細亜大のエース・東浜巨（→2012年・ソフトバンク1位）いわく「（鈴木の攻略は）難しいですね、すごく。全部の力を注ぎ込んで抑えるしかないです」。
○走守もよく、とくに守備は魅力がある。遊撃がアキレス腱となっているロッテだけに、即レギュラーも現実的。

プロ入り後の推移＆実績

11年に東洋大のチームメイトである藤岡貴裕とともにロッテ入り（3位）。この年は1位、2位の上位より3位以下の下位指名組の活躍が目立った年だが、ロッテも1位、2位が結果を残せず、3位、4位の鈴木大地、益田直也がチームの中心選手に育った。

入団して3年間、鈴木はよく起用されたが、ポジションが一定しなかった。新人年の12年は二塁17試合、三塁23試合、遊撃11試合という不安定さで、15年、16年に遊撃手として141試合、135試合で起用されたかと思えば、17年は二塁手で143試合、18年には三塁手で138試合に出場している。この間、監督が3回替わり、そのたびに守備位置が動いているが、それにもめげず2年目の13年から6年連続で規定打席に到達し、100安打以上放っている。打率はつねに・260～・287のあいだで安定し、遊撃手としてベストナイン2回（13年、16年）、17年には二塁手としてゴールデン・グラブ賞に輝いているのは鈴木らしい。

基本プロフィール
1989年8月18日生まれ。静岡県出身。桐蔭学園高校→東洋大学→ロッテ。

益田直也

【関西国際大学→ロッテ】
2011年ドラフト4位［投手］

プロ入り時点での評価＆特徴

○速いというより「勢いがある」という表現がぴったりのストレートを投げる。
○はじめて見たときは、腕が中に入るわりに腕の振りが窮屈でなく、サイドスローのわりにヒジが立つフォーム——というように見かけと実際のギャップに好印象を持った。翌年に見たときは、スライダー主体の偏った投球に失望。
○西本聖投手コーチ（当時）直伝のシュートを覚えれば、ピッチングの幅が広がるのではないか。

プロ入り後の推移＆実績

大学3年の秋、明治神宮大会1回戦（八戸大戦）に2番手で登板、完投した塩見貴洋（楽天）と2回3分の2イニングを投げ合い、秋山翔吾（西武）、田代将太郎（西武→ヤクルト）がスタメンに名を連ねる八戸大を無失点に抑えた（関西国際大の先発は現ロッテの松永昂大）。この豪華な顔ぶれが示すように地方の大学勢の活躍が目立った大会だった。

プロ入り後、17年を除いて50試合以上に登板した鉄腕である。新人年の12年は自己最多の72試合に、主に中継ぎとして登板して41ホールドを挙げて新人王に輝く。2年目には33セーブを挙げて最多セーブ投手に輝くが、これは前年の抑え役、薮田安彦が右肩痛で試合に出られなかったためで、14年以降は中継ぎ役に戻っている。スリークォーターからねじりを加えた投球フォームはボールが抜けそうに見え、とくに右打者にはデッドボールの恐怖がつきまとう。実際に内角を積極的に突くピッチングを身上とする。通算ホールド128は歴代13位の大記録。今年32ホールドを挙げれば5位に入る可能性がある。

基本プロフィール
1989年10月25日生まれ。和歌山県出身。市立和歌山商業高校→関西国際大学→ロッテ。2012年に新人王、2013年に最多セーブのタイトルを獲得。

野村祐輔

2011年ドラフト1位【投手】
【明治大学→広島】

プロ入り時点での評価&特徴

○東京六大学で通算30勝を挙げる。甲子園で準優勝した高校時代（広陵高）から際立っていたディフェンス力（クイック、バント処理など）は大学に入ってさらに磨きがかかった。

○変化球のキレはどれも一級品。とくに「これは打てない！」と思ったのが横変化のスライダー。

○状況に応じて緩急を使い分ける実戦力の高さが最大の魅力。1年目からのローテーション入りがノルマ。

プロ入り後の推移＆実績

唐川侑己のところでも書いたが、広陵高時代の野村に「ドラフト候補」といえる雰囲気はなかった。クイックの速さやバント処理の迅速さという部分に非凡さは見えても、ストレートに現在の姿を想像させるような速さがなかったのだ。それが明治大で変わった。ストレートは150キロに迫る速さを計測し、スライダーが縦・横2種類、さらにカットボールとチェンジアップが加わり、これらの球種で内外を突く攻撃的スタイルが野村の武器になった。

黒田博樹が広島に復帰して注目されたのが右打者の内角をスライダーでえぐる〝フロントドア〟と呼称された球筋。これは明治大時代から野村も備えていた。メジャーリーグで盤石の実績を積んだ黒田が武器にしていた球種・球筋が最新の武器だと知って、野村は自信を持ったのではないか。黒田が復帰して2年目の16年、野村はキャリアハイとなる16勝3敗の成績で最多勝と最高勝率を獲得した。

基本プロフィール
1989年6月24日生まれ。岡山県出身。広陵高校→明治大学→広島。2012年に新人王、2016年に最多勝、最高勝率のタイトルを獲得。

菊池涼介

2011年ドラフト2位【中京学院大学→広島】［内野手］

プロ入り時点での評価&特徴

○大学時代は戦績が低迷するチームにあって、通算打率・379、ベストナイン5回。2年春には3冠王。どんなときもモチベーションを維持する精神力の強さには注目せざるをえない。

○走守は間違いなく即戦力といえる。とくに魅力があるのが強肩で、プロでも強力な武器になる。

○バッティングでは、強靭で柔らかいリストが最大の武器。呼び込んでからの逆方向への打球に特徴があるが、少しヒッチがあり余分な引きがある打ち方の修正が課題で、これには時間がかかるかもしれない。

プロ入り後の推移＆実績

巨人の16年ドラフト1位、吉川尚輝を取材したとき、母校の中京学院大・近藤正監督の指導方針について聞くと、「もっと遊び感覚でプレーするのも練習だよ」といわれたという。練習でミスをすると「菊池（涼介）はこうやって投げた」とか、「ジャンピングスローでも球が凄かったよ」とも。菊池の自由奔放な守備スタイルを見ると、いつもこの話を思い出す。

プロ2年目の13年に141試合に出場してレギュラーに定着。この年から18年まで6年連続で130安打以上放っている。さらに素晴らしいのはセカンドの守備。13年～18年にゴールデン・グラブ賞を獲得し、17年はライバル、山田哲人（ヤクルト）を抑えてベストナインにも輝いている。守備の陰に隠れているバッティングは18年までに通算974安打を積み上げ、1000安打まで26本に迫っている。16年には最多安打となる181安打を放ちながら18年は130安打にとどまっているので、今季は打率3割がノルマだ。

基本プロフィール
1990年3月11日生まれ。東京都出身。武蔵工業大学第二高校→中京学院大学→広島。2016年に最多安打のタイトルを獲得。

田島慎二

【東海学園大学→中日】
2011年ドラフト3位［投手］

プロ入り時点での評価&特徴

○愛知大学リーグの2部ながら、秋のリーグ戦で防御率0・00を達成。
○ストレートは最速149キロ、変化球はSFF（スプリットフィンガード・ファストボール）とスライダーの2種類。左打者の外角にシンカー気味に落ちるSFFがもっともいいボール。
○球速アップに色気を見せた田島に、担当スカウトは「それは違う。今のままでいい（無理に球速を上げる必要はない）」と断言。

プロ入り後の推移＆実績

11年の3位指名でプロ入り。この年まで中日は積極的に〝地元選手の指名〟を行ない、その中から吉見一起、浅尾拓也、山内壮馬たちが出ている。田島もそういう流れに乗ってプロ入りした。1年目の12年にセットアッパーとして56試合に登板、5勝3敗30ホールド、防御率1・15というみごとな成績で一軍に定着。ストレートは最速153キロと速く、短いイニングを投げるリリーフらしく変化球はフォークボールとスライダーを同比率で投げ、他にはチェンジアップを少し投げるくらいで、ほぼ3種類の球種でしのいできた。

12年～15年にセットアッパーとして投げ、16年、17年は抑え役で17、34セーブを挙げる。16年は開幕から31試合連続無失点というプロ野球記録を達成、17年は34セーブを挙げ、この年の最多セーブ投手、ドリス（阪神）の37セーブに迫った。18年は30試合登板に終わり、防御率7・22もプロ入り以来最低だった。暗黒時代からの脱却をめざす中日のキーマン。

基本プロフィール
1989年12月21日生まれ。愛知県出身。中部大学第一高校→東海学園大学→中日。

伊藤隼太《はやた》

【慶應義塾大学→阪神】
2011年ドラフト1位［外野手］

プロ入り時点での評価＆特徴

○伊藤隼太の走攻守には、長らく新陳代謝ができず閉塞感が漂っているチームを変える力がある。
○ライトからの強肩と全打席怠らない全力疾走には魅力がある。バッティングでは、優勝がかかった早慶戦で早稲田大のエース・斎藤佑樹から放った三塁打がとくに鮮烈な印象として残っている。
○大学の先輩である高橋由伸といろいろな部分でイメージがダブるのが心強い。

プロ入り後の推移＆実績

シュアな中距離打者が慶應大時代の持ち味で、プロ入り後の印象も変わらないが、慶應ボーイのイメージをくつがえす〝代打男〟で知られるようになるとは思わなかった。甲子園大会へ行くと、大阪の放送人と話すことが多く、彼らはほぼ口をそろえて「どうして伊藤を1位で指名したんですか」と入団2年後くらいまでいい続けた。自分の感想というより、彼らが接することの多い阪神関係者がそういうネガティブな意見を持っていたのだろう。

この逆風の中、プロ入り3年目の14年、打率・294（安打35）で存在感を誇示した。そして15年〜18年の打率は・245〜・261で推移。出番がほとんど代打であることを考えれば評価していい数字だ。17年の6月下旬には阪神情報に定評のあるデイリースポーツが「隼太　代打の神ってる、驚異の代打成功率・375」の見出しで、代打成功率の高さを報じた。阪神は過去も今も代打のスペシャリストに面白い経歴の選手が多い。

基本プロフィール

1989年5月8日生まれ。愛知県出身。中京大中京高校→慶應大学→阪神。

第 4 章

統一ドラフト時代②
——2012年以降

増田達至《たつし》

【NTT西日本→西武】
2012年ドラフト1位［投手］

プロ入り時点での評価&特徴

○福井工大時代は全国大会に縁がなく成績でも後輩の後塵を拝していたが、NTT西日本で覚醒、1年目から中心選手として活躍。
○ストレートの最速は152キロ、変化球はすべてカット系の動き。
○西武が待望していた守護神としての素質を秘めている選手ではあるが、筆者がこれまでに観戦した試合から受けた印象としては、「ボールがもう少し内角にこないと苦しいかな」というところ。

プロ入り後の推移＆実績

新人年の13年に2試合先発している。そのうちの1試合を見た印象は、対戦相手の攝津正（ソフトバンク）にくらべるとスピードは140キロ前後で変わらないが変化球のコントロールとキレで及ばなかった。リリーフではコンスタントに145、6キロを計測していたので先発よりリリーフ向きだとわかった。ちなみに、攝津も10年までリリーフをまかされているので増田の適性を測るにはいい比較だったと思う。

過去6年間、先発した2試合以外はすべてリリーフ登板。NTT西日本時代からリリーフで力を発揮してきた選手がプロでも役割を変えないで活躍していることになる。16年以降は抑えをまかされることが多くなり、16年、17年は28セーブを挙げる。18年は防御率5・17が示すように調子が下降し、シーズン後半には中継ぎ役に戻っている。奪三振率が17年の9・27から5・40に下降しているのが気になる。

基本プロフィール
1988年4月23日生まれ。兵庫県出身。柳学園高校→福井工業大学→NTT西日本→西武。2015年に最優秀中継ぎのタイトルを獲得。

東浜巨《なお》

【亜細亜大学→ソフトバンク】
2012年ドラフト1位［投手］

プロ入り時点での評価＆特徴

○取材するたびに感じたのは、その圧倒的な存在感。つねに陽の当たる場所を歩き続け、メディアからの取材を受け続けた人間からしか漂ってこないオーラを感じる。

○沖縄尚学高3年春にセンバツで優勝。東都の強豪校、亜細亜大でも1年春から超一流といっていい成績を挙げ続けている（大学通算35勝）。つまり、過去5年間で1シーズンも低迷したことがない。

○ドラフトでは3球団が競合。新人王の有力候補なのは間違いないが、不安なのはストレートに打者のバットを押し込むようなボリューム感がないこと。

プロ入り後の推移＆実績

プロ入り前から成功すると思っていた。唯一の不安はストレートにボリューム感がなかったことで、150キロを投げられる体幹の強化を続け、そのハードルを越えるまで一軍での登板を控える方針がとられたとは関係者の言葉。新人年の13年から3年間は5〜7試合の登板にとどまり、通算6勝しかできなかった。体が本格化した16年から登板数が多くなり、勝ち星が乱高下しているが9→16→7勝と推移し、ローテーション入りしている。ちなみに、17年の16勝は最多勝である。

変化球は亜細亜大時代から大きく縦変化するツーシームに偏っていた。13年版『問題だらけの12球団』には「ツーシームが諸刃の剣になるかもしれない」と書いた。14年オフにプエルトリコのウインターリーグに派遣されたときに覚えたシンカーが現在は主体になり、ツーシームは大学の後輩、山﨑康晃（ＤｅＮＡ）、九里亜蓮（広島）に受け継がれている。

基本プロフィール
1990年6月20日生まれ。沖縄県生まれ。沖縄尚学高校→亜細亜大学→ソフトバンク。2017年に最多勝のタイトルを獲得。

大谷翔平

【花巻東高校→日本ハム】
2012年ドラフト1位［投手］

プロ入り時点での評価＆特徴

○可能性はとてつもなく大きい。同期に藤浪晋太郎がいなければ、その怪物的な資質はもっと喧伝されただろう。
○投手としては160キロのスピードにばかり注目されるが、もっともいいのは投球フォームで、文句のつけようがない。内角低めに決まる160キロのストレートは、打者の手元でひと伸びする球筋。
○これほど投手としての才能が豊かでも、大谷は打者でやったほうがいいと考える。大谷クラスの投手はNPBに数年おきに出現するが、打者としては「27年に4人の逸材」（85年の清原和博、92年の松井秀喜、07年の中田翔以来）。

プロ入り後の推移＆実績

〝二刀流〟より投打どちらか、なるべくバッティングの可能性に注目してきたが、2年目の15年版『問題だらけの12球団』に「ここまで凄いところを見せられると素直に応援したくなる」と書いた。14年は投手で11勝4敗、打者で安打58、本塁打10を記録した。15年は15勝5敗、防御率2・24で最多勝と最優秀防御率に輝き、打者では安打22、打率・202と低迷したが、16年は投手で10勝4敗（防御率は規定投球回に3回足りない1・86）、打者で打率・322、安打104、本塁打22と二刀流を完璧に演じMVP、投手と指名打者部門でベストナインに輝いた。

2018年にポスティングシステムを活用してメジャーリーグのエンゼルスに移籍、投手で10試合に登板して4勝2敗、打者で打率・285、安打93、本塁打22で新人王に輝く。10試合登板、20本塁打、10盗塁はメジャー史上初の快挙として大きな話題になり、ベーブ・ルースと比較されることが多い。日本の野球史上、もっとも重要な選手かもしれない。

基本プロフィール
1994年7月5日生まれ。岩手県出身。花巻東高校→日本ハム→MLB。2015年に投手として最多勝、最優秀防御率、最高勝率のタイトルを獲得。2018年、MLB新人王。

則《のり》本《もと》昂《たか》大《ひろ》

【三重中京大学→楽天】
2012年ドラフト2位［投手］

プロ入り時点での評価＆特徴

○ドラフト前に則本の知人から評価を聞かれて、「ドラフト1位か2位」と断言していた。

○オリックスに1位指名された松葉貴大（大阪体育大）と投げ合った日本選手権では延長10回まで投げて奪三振20（大会記録）。

○最大の長所はストレート。スピードガン的な速さだけでなく、打者の近くでの伸びもある。変化球の精度が増せば、1年目からの活躍も可能。

プロ入り後の推移＆実績

菅野智之（巨人）とともに日本を代表する先発型ピッチャー。新人年の13年から6年連続2ケタ勝利を続行中で、通算成績は75勝58敗、防御率3・06。19年が3年契約の最終年なので今オフはポスティングシステムを活用したメジャーリーグ移籍の話題が注目を集めそうだ。最大の武器は最後まで勢いが衰えないストレートで、トラックマンなどの機器で測定したボールの回転は1分間に2500。これは日本の野球界ではトップ級だ。

新人年の13年にチームは初優勝、日本一になり、自身は新人王を獲得した。この年、田中将大が24勝0敗という不滅の大記録を残してヤンキースに移籍したが、当時は田中の弟分にしか見えなかった則本がNPB時代の田中の成績に迫ってきた。2年目の14年以降、5年連続で最多奪三振に輝き、17年6月8日のDeNA戦ではメジャー記録と並ぶ8試合連続2ケタ奪三振を達成。WBCをはじめとする国際大会では侍ジャパンのエースとしてつねに全力投球を見せてくれる。

基本プロフィール

1990年12月17日生まれ。滋賀県出身。八幡商業高校→三重中京大学→楽天。2013年に新人王、2014年から2018年まで5年連続で最多奪三振のタイトルを獲得。

鈴木誠也《せいや》

【二松学舎大付属高校→広島】
2012年ドラフト2位 ［内野手］

プロ入り時点での評価＆特徴

○高校通算43本塁打。投手としてはストレートが最速148キロ、スライダーとカーブのキレ・コントロールも一級品で、野球センスのよさを感じさせる。
○野手としては俊足といえる脚力を備えているが、必要に迫られれば速く走り、アウトだと思ったら普通に走るというタイプ。
○バッティングでは変化球打ちに特徴がある。ボールを最後まで見て、捕手寄りの位置でとらえて押し込む形だが、もう少しポイントを前に置いて強い打球をめざしたほうがよいのではないか。

プロ入り後の推移＆実績

二松学舎大付高時代は投打二刀流で知られていたが、全国的な知名度はなかった。あるスカウトは「1位で指名した○○が抽選で外れたら、外れ1位で鈴木を指名する予定だった」というが、そういう〝タラレバ〟がささやかれること自体、現在の鈴木の存在の大きさを物語っている。ブレークのきっかけは15年シーズン終了後行なわれた内川聖一（ソフトバンク）の自主トレへの参加。ここで内川の野球に向かう姿勢を学び、内川は「持っている力は僕より数段上。トリプルスリーもできるだけのものを持っている」と高く評価した。

16年のオリックスとの交流戦で3試合連続ホームランを放ち、このうちの2本はサヨナラホームラン。試合後の緒方孝市監督の鈴木を評した「神ってる」が流行語大賞に選ばれる。16年以降は広島というより球界を代表する強打者に成長。現在、3年連続打率3割以上、26本塁打以上、90打点以上を継続中。不満はプロフィールを飾る打撃タイトルがないこと。今年は3冠のうちどれか1冠、あるいは3つ総獲りでもいい。

基本プロフィール
1994年8月18日生まれ。東京都出身。二松学舎大付属高校→広島。

石山泰稚《たいち》

【ヤマハ→ヤクルト】
2012年ドラフト1位［投手］

プロ入り時点での評価＆特徴

○東北福祉大時代にはじめて見て「いい投手」だという印象を受けたが、都市対抗で見たときは140キロに届かないストレートに首をひねった。
○最大の長所は球持ちの長さ。変化球では、スローカーブと縦に割れるスライダーが一級品。
○社会人出身だから即戦力と考えがちだが、ストレートのキレと速さに課題があり、コントロールも緻密さに欠けるので、2年目以降の戦力と考えるべき。

プロ入り後の推移＆実績

投球フォームがよくストレートの回転がきれいなピッチャー。それだけではプロで長く活躍するのは難しいと思っていた。新人年の13年、リリーフとして60試合に登板して、3勝3敗10セーブ21ホールド、防御率2・78を挙げるが、2年目以降、防御率が3点以上に低迷し（16年は7・31）、正直ここまでかと思った。それが18年途中から抑え役をまかされると70試合に登板して3勝2敗35セーブ、防御率2・08で復活。

打者に威圧感を与えないきれいな投球フォームでも腕を強く振って強いボールを投げれば打者には脅威になる、そんな当たり前のことを石山は気づかせてくれた。出身校の金足農業は18年夏の甲子園大会準優勝校。エースの吉田輝星（日本ハム）の活躍でコメントを求められることが多かったが、このときはヤクルトの守護神になっていた。いい投球フォームで強いボールを投げる右の本格派は母校の伝統になりそうだ。

基本プロフィール

1988年9月1日生まれ。秋田県出身。金足農業高校→東北福祉大学→ヤマハ→ヤクルト。

小川泰弘

【創価大学→ヤクルト】
2012年ドラフト2位［投手］

プロ入り時点での評価&特徴

○東京新大学リーグで残した成績は36勝3敗、防御率0・60と圧倒的。全国の強豪が相手となる大学選手権では3勝4敗と負け越しているが、そこでも防御率は1・54と安定している。

○ノーラン・ライアンそっくりの投球フォーム。ストレートの最速は140キロ台前半が多いが、変則的なフォームに幻惑されて打者は見逃してしまう。

○体感スピードが速いストレートと、落ちるボール主体の持ち球からして、リリーフ投手としての適性を多く備えた本格派といえる。

プロ入り後の推移＆実績

東京新大学リーグ通算36勝3敗、防御率0・60という圧倒的な成績を収め、12年のドラフト2位でプロ入り。1年目に16勝4敗で最多勝、最高勝率のタイトルを獲って新人王に輝く。正直、先発投手としてこれほど活躍するとは思わなかった。〝和製ライアン〟と呼ばれる投げ方以外でも、ゆったりと始動し、テークバック以降は速い動きになる投球フォームが当初は打者を幻惑するが、シーズン中盤以降は慣れられると思ったからだ。しかし、シーズンを通して小川はセ・リーグの打者を翻弄し続けた。

16年～18年の過去3年は8勝止まりで苦労しているが、防御率に注目すれば17年、18年は2・83、2・75と安定している。その要因を探れば制球力の安定という結論にたどり着く。入団以来6年間、与四球率が2点台をキープしているのだ（14年は1・83）。「投手は制球力」、その声は若手の梅野雄吾、中尾輝、星知弥たちに届くだろうか。

基本プロフィール
1990年5月16日生まれ。愛知県出身。愛知・成章高校→創価大学→ヤクルト。2013年に新人王、最多勝、最高勝率のタイトルを獲得。

菅野智之

【東海大学→巨人】
2012年ドラフト1位［投手］

プロ入り時点での評価＆特徴

○プロ入りにあたって巨人への入団を熱望。2011年のドラフトで巨人と日本ハムから1位指名を受け、抽選で日本ハムが交渉権を獲得したため、1年間留年しての巨人入りとなった。
○首都大学では通算37勝4敗、防御率0・57と圧倒的な成績を残す。最速157キロのストレートに加えて、変化球のキレも素晴らしく、本人はみずからを「スライダー投手」という。
○実戦から離れていた1年間のブランクの影響はもちろんあるが、この間に6足半だったステップ幅を7足に伸ばしたという話に菅野という投手の凄みを感じる。

プロ入り後の推移＆実績

11年に日本ハムの1位を拒否して東海大に残り、12年に巨人の単独1位を受けてプロ入りした。速いストレートを持ちながらみずからを「変化球投手」というのはダルビッシュ有以来で、打撃技術が発達した現代野球では真っ当な考え方といっていい。ストレートは最速150キロ台中盤を計測するが、最大の武器はスライダー。打者近くで大きく変化する球筋は打者から見れば攻略が難しい球で、変化球を特集した週刊ベースボール（18年8月6日号）は、「空振りの割合が平均値に対して高い」と紹介している。

プロ入り通算76勝41敗も素晴らしいが、防御率2・17が目をみはる。プロ6年間で新人年（3・12）以外はすべて1点台、2点台を記録している。14年、16年～18年に最優秀防御率、17年、18年に17勝、15勝して最多勝、16年、18年は最多奪三振に輝き、沢村賞2度、MVP1度など、日本球界では敵なしの状態になっている。

基本プロフィール

1989年10月11日生まれ。神奈川県出身。東海大相模高校→東海大学→巨人。最優秀防御率4回（2014年、2016年～2018年）、最多勝2回（2017年、2018年）、最多奪三振2回（2016年、2018年）、沢村賞2回（2017年、2018年）。

井納翔一

【NTT東日本→DeNA】
2012年ドラフト3位〔投手〕

プロ入り時点での評価＆特徴

○個人的には、早くからドラフト上位候補として注目していたが、なかなかマスコミに名前が出てこず不安になっていた。3位で指名されて正直、ホッとしている。
○マウンドからホームまでの距離が短く見え、ボールがあっというまにキャッチャーミットに収まっていくという印象。球が速いこともあるが、肩が開かないフォームで、188センチの巨体が体の左側面から打者に向かっていく。
○DeNA投手陣の駒不足と井納本人の実力を考え合わせれば、即戦力と考えないほうがおかしい。

プロ入り後の推移＆実績

3位指名された12年までDeNAは5年連続最下位（7年連続Bクラス）に低迷していた。さらに12年のチーム防御率3・76は5位ヤクルトの3・35から大きく引き離された最下位で、チームの勝ち頭は9勝9敗の三浦大輔。即戦力を待望するチーム事情に井納はぴったり合った。1年目は先発主体で18試合に登板して5勝7敗、防御率5・34を挙げ、14年〜17年は100イニング以上に登板し、15年以外は規定投球回に到達している。それが18年はチーム事情もありリリーフ役をまかされ、7月に先発に戻るというあわただしさだった。

18年8月22日に一軍に登録されると4試合に先発して6イニング以上投げて3勝1敗と好成績を残す。8月22日、9月14日は四死球0で勝ち投手になり、9月7日も7イニングを投げて1四球。大型の速球派で異名が〝宇宙人〟なのでコントロールが悪そうだが、通算与四球率も2点台を堅持している。

基本プロフィール

1986年5月1日生まれ。東京都出身。木更津総合高校→上武大学→NTT東日本→DeNA。

宮﨑敏郎

【セガサミー→DeNA】
2012年ドラフト6位［内野手］

プロ入り時点での評価&特徴

○2012年の都市対抗1回戦、日本通運戦で左の好投手・野村健太からみごとな逆転満塁ホームランを放つ。この試合での一打で、プロへの道が開けたのではないか。
○雑誌に「(横浜OBの) 波留敏夫を思わせる強打」と書いた。
○守備と走塁にはこれといった特徴がないので、セールスポイントである強打に磨きをかけて一軍をめざしたい。

プロ入り後の推移＆実績

16年版『問題だらけの12球団』で「一軍で40安打以上記録するプチブレークの前年、ファームで長打率4割」を一流選手になる指標と位置づけ、それに合致する乙坂智と宮﨑を注目選手に挙げた。乙坂は依然として一軍定着の途上にあるが、宮﨑は前年の44安打からこの16年に88安打を放って一軍定着を間近にし、17年に155安打を放ち、打率・323で首位打者に輝いた。

「ファームで長打率4割超え→翌年一軍で40安打以上」はそれまでの一流選手の成長プロセスをたどって導き出した成功法則で、これを当てはめなければ宮﨑の変化は予想できなかった。佐賀県立厳木《きゅうらぎ》高→日本文理大→セガサミーという経歴は野球人のものとしては地味。また大学、社会人を経由してプロ入りした選手は職人肌が多く、打撃タイトル（首位打者、本塁打王、打点王）を獲得した選手も少ない。宮﨑はそういう逆風を跳ねっ返し、筒香嘉智とともにチームの成績上昇にも寄与している。

基本プロフィール
1988年12月12日生まれ。佐賀県出身。厳木高校→日本文理大学→セガサミー→DeNA。2017年に首位打者のタイトルを獲得。

藤浪晋太郎

【大阪桐蔭高校→阪神】
2012年ドラフト1位【投手】

プロ入り時点での評価&特徴

○甲子園史上ナンバーワン投手は誰かと問われたら、江川卓、桑田真澄、松坂大輔、ダルビッシュ有……など候補者の顔がいろいろ思い浮かぶが、最終的には藤浪晋太郎と答える。

○最速153キロのストレートを内外角に投げ分け、スライダー、カットボール中心の変化球もストレートと同じ腕の振りで投げ分ける。こんな高校生はこれまでに見たことがない。

○一軍定着は1年目の夏前と予想。まだ体が細いので、首脳陣には開幕から起用したくなる気持ちにブレーキをかけて、万全の状態でマウンドに立たせてほしい。

プロ入り後の推移＆実績

最速160キロのストレートに変化の大きいカットボールにフォークボールなどを交えたパワーピッチングで打者を圧倒、新人年の13年から3年連続で10勝以上を挙げる。14年、15年は11与死球でリーグワースト1位、通算与四球率も3・97と悪く、コントロールの不安定さが目を引いた。

高校時代からライバル関係を築いてきた大谷翔平と比較すれば、15年に藤浪が14勝7敗（最多奪三振）、大谷が15勝5敗（最多勝、最優秀防御率、ベストナイン）と張り合っていたが、16年以降成績を落とした藤浪に対して、大谷は二刀流を本格化させて大きな差ができた。日本ハム時代、栗山英樹監督はつねに大谷を叱咤しながら、起用方法では酷使を避け、十分なコンディション作りを心がけた。それに対して阪神の金本知憲監督（当時）は16年7月8日の広島戦で8回・161球の罰投を強い、それ以降の低迷を招いた。現在の大谷と藤浪の差は日本ハムと阪神との差といってもいい。

基本プロフィール　1994年4月12日生まれ。大阪府出身。大阪桐蔭高校→阪神。2015年に最多奪三振のタイトルを獲得。

森友哉

【大阪桐蔭高校→西武】
2013年ドラフト1位［捕手］

プロ入り時点での評価&特徴

○まさか単独の1位指名で獲得できるとは思わなかった。「いい選手から順に指名していく」という西武の根本陸夫イズムを感じさせる指名だった。

○U18で一緒に戦った内田靖人（常総学院→楽天2位）いわく「森のバッティングがいちばん興味深かった。乾いた音。1人だけ強く叩いていた」。園部聡（聖光学院→オリックス）いわく「あんなにヘッドを立てているのに、よくあれだけ振れるな、相当ウェイトをやっているなと想像がついた」。

○走攻守が高いレベルでそろっている。プロ3年目くらいにレギュラーを奪取しても驚かない。

プロ入り後の推移＆実績

打てるキャッチャーが待望されていながら1位で入札したのは西武だけ。この頃、プロは高校生野手を1位入札で獲得に向かう球団が少なかった。西武もバッティングを生かそうと指名打者や外野手としての起用が目立った。捕手としての出場は14年〜17年に24→0→26→12試合と推移、外野手としての出場は16年に49試合もあった。それが18年に辻発彦が監督になると捕手として81試合に出場し、シーズンを通しての成績は打率・275、安打130、本塁打16、打点80と上昇。打点はキャリアハイだった。大阪桐蔭高時代からファンを魅了したフルスイングは現在も森の持ち味だ。

守備はキャッチングに課題があるといわれ続け、18年の捕逸5はリーグワースト3位。逆に盗塁阻止率はリーグ3位の・373を記録、高校時代にイニング間1・8秒台を計測した強肩はプロでも依然として健在である。

基本プロフィール

1995年8月8日生まれ。大阪府出身。大阪桐蔭高校→西武。

山川穂《ほ》高《たか》

【富士大学→西武】

2013年ドラフト2位［内野手］

プロ入り時点での評価&特徴

○ゼロか100かという、ハイリスク・ハイリターン型の選手。

○バッティングはパワフル。早い始動でバットを引いてトップを作り、ステップは勢いをつけて強く踏み込んでいく。「力み」の典型のような打ち方だが、リーグ通算打率（.293）は悪くない。

○体型や打ち方、さらには周辺に漂う空気が中村剛也に似ている。これが2位という高い順位での指名に結びついたのかもしれない。

プロ入り後の推移&実績

山川の特徴はホームラン。飛距離が長いとか弾道が高いとかではない。安打に占めるホームランの割合、つまり本塁打率が高いのだ。入団3年目の16年に36安打を放ち、このうち本塁打は14本で本塁打率は・389。17年は72安打のうち本塁打は23本で・319、18年は152安打のうち本塁打は47本で・309。18年の本塁打率が高かったのはソト（DeNA）の・318が最高で、他ではデスパイネ（ソフトバンク）・299、丸佳浩（広島→巨人）・295、バレンティン（ヤクルト）・275が目立つくらい。3割超えは至難の業といってもいいのだ。それが山川の通算本塁打率は・326に達する。

私は富士大時代の山川の将来をかなり危うく見ていたが、バッティングスタイルはその頃と大きく変わっていない。大谷翔平と対戦したときのことを聞くと、「大谷が腕を振ったときに自分もバットを振った」といった。山川には理屈を超えた野生の魅力がある。

基本プロフィール
1991年11月23日生まれ。沖縄県出身。中部商業高校→富士大学→西武。2018年に本塁打王のタイトルを獲得。

森唯斗《ゆいと》

【三菱自動車倉敷オーシャンズ→ソフトバンク】
2013年ドラフト2位［投手］

プロ入り時点での評価&特徴

○都市対抗ではじめて見て目が釘付けになった。「腕を振る」とはこういうことかと思い知らされるみごとな投げっぷり。こんないい投手がいたのかと驚いた。
○ドラフト前、メディアに森の名前がまったく登場せず、自分だけの思い込みなのかと残念に思っていたが、ソフトバンクが2位という高い順位で指名。驚いたが、正直うれしかった。
○立場・扱われ方としては、無名で入団した09年当時の攝津正に似ている。

プロ入り後の推移＆実績

13年ドラフト当日、指名を中継するスカイＡの控室に置かれた各スポーツ紙の候補一覧表のどこを探しても名前が見つからなかったのが森だ。私の中では2位、3位候補にしていたので意外だった。それから1年後、永山勝さん（当時スカウト部長）と会ったとき、「森を評価したのは私たちだけですね」といわれたが、永山さんは森の存在をマスコミに話していなかったのだろうか。さすがにスカウトは忍者といわれるだけある。

森はプロでも社会人時代（三菱自動車倉敷オーシャンズ）と変わらないピッチングをして、1年目に58試合に登板して4勝1敗20ホールド、防御率2・33を挙げ、勝利の方程式に名をつらねた。18年まで5年連続で50試合以上に登板、18年は股関節の手術を受けたサファテに代わって抑え役を務め37セーブを挙げ、自身初の最多セーブ投手。広島との日本シリーズでは5試合に登板、3セーブを挙げて防御率は0・00で優秀選手賞に輝いた。〝炎投〟という言葉があれば、それは森にこそふさわしい。

基本プロフィール
1992年1月8日生まれ。徳島県出身。海部高校→三菱自動車倉敷オーシャンズ→ソフトバンク。2018年に最多セーブのタイトルを獲得。

吉田一将《かずまさ》

【JR東日本→オリックス】
2013年ドラフト1位［投手］

プロ入り時点での評価&特徴

○実績では12球団の新人の中でナンバーワン。12年の都市対抗野球、日本選手権、13年の都市対抗野球と3大会連続で準優勝に輝いたJR東日本の主力投手。
○取材時、多くの右投手が苦手とする「右打者の内角に投げること」が得意だと語り、そのうえで、アウトローが自分の投球の生命線と定義。持ち球はスライダーだけあれば十分と話す。
○2位で同じオリックスに入団した東明大貴（富士重工）とともに「ポスト金子千尋（弌大）」の有力候補。

プロ入り後の推移＆実績

青森山田高、日本大では未完の大器のまま過ごし、社会人のＪＲ東日本で素質が開花した。プロ入り後は１年目に先発要員として15試合に登板して５勝６敗、防御率３・81を挙げるが、２年目に先発、リリーフを兼ねながら14試合に登板、１勝５敗に終わった。まとまりのある先発タイプがリリーフに転向して成功したのが攝津正（ソフトバンク）、西野勇士（ロッテ）たちで、吉田もこのラインに乗って３年目の16年にリリーフに転向、54試合に登板して５勝２敗21ホールド、防御率２・66で復活した。

17年は２試合に先発で登板しているのは、深読みすればピッチングの二枚看板、金子弌大、西勇輝が19年に移籍するのを予見していたようにも見える。コントロールの安定感は与四球率３・05によく表れているが、死球は通算９個と少ない。技巧を持ち味にする投手ならもっと内角を厳しく攻めないと外角球が生きない。

基本プロフィール
１９８９年９月24日生まれ。奈良県出身。青森山田高校↓日本大学↓ＪＲ東日本↓オリックス。

石川歩《あゆむ》

【東京ガス→ロッテ】

2013年ドラフト1位［投手］

プロ入り時点での評価&特徴

○もともと投球フォームは素晴らしかったが、物足りなかった球速がドラフトの前年、急激にアップした。かつて清水直行（元ロッテなど）が社会人時代に同じような球速アップを経験している。

○ストレートは最速150キロにまでスピードアップしたが、136～137キロでも空振りがとれるところに石川の真価がある。

○フロントが期待している1年目からの先発ローテ入りは十分可能。

プロ入り後の推移＆実績

150キロを超えるストレートと安定したコントロール、さらにカーブ、シンカー、スライダーなど多彩な変化球を操り、プロで失敗する要素が見つけられなかった。1年目に10勝8敗で新人王を獲得し、16年まで連続で2ケタ勝利をマーク。通算48勝44敗でエース格にのし上がっている。その特徴は粘り強さ。過去5年間のうち16年を除く4年間はイニング以上のヒットを打たれているのだ。通算被安打率は9・20。1試合（9イニング）投げれば9本以上のヒットを打たれている。それでもチームに勝ちを呼び込む粘り強さこそ石川の持ち味といっていい。

17年の3勝11敗は春に行なわれたWBCにピークを合わせた調整の失敗。他のジャパン代表にも同様の成績下降が見られる。18年は9勝8敗と持ち直しているが、気になるのは2年続いた与死球の少なさ。内角攻めがあってこそ技巧は生きる。

基本プロフィール
1988年4月11日生まれ。富山県出身。富山・滑川高校→中部大学→東京ガス→ロッテ。2014年に新人王、2016年に最優秀防御率のタイトルを獲得。

井上晴哉《せいや》

【日本生命→ロッテ】

2013年ドラフト5位［内野手］

プロ入り時点での評価&特徴

○かなりの鈍足。守備もまったく期待できず、チームが井上に期待するのはバッティングだけ。

○体重110キロの巨体ながら、バッティングに強引さはなく、上からきちんと叩く形ができているところに好感が持てる。

○長打力不足のチームにあって、数少ないホームランを狙える強打者といってよい。

プロ入り後の推移＆実績

崇徳高、中央大、日本生命時代、つねにホームランが期待されたスラッガー候補だが、プロ1年目を25歳で迎えるスラッガータイプに大成した選手は少ない。14年から17年まで打率は・182〜・232、安打数は2〜26本で推移。正直、これ以上の上がり目はないと思っていた。しかし、井口資仁新監督の若手抜擢の眼差しは29歳になる井上にも向けられた。中村奨吾、平沢大河、さらに新人の藤岡裕大、菅野剛士、安田尚憲などキャリアハイの成績を挙げる若手に続いて、井上も打率・292、安打139、本塁打24、打点99というみごとな成績で期待に応えたのだ。

有望な若手野手が目白押しのロッテのチーム状況は、上位進出をうかがう気配に満ち満ちている。その若手打線を牽引するのが30歳になる井上だ。チーム本塁打78は12球団の中でも最下位。この上積みの役割も同時に担う。

基本プロフィール
1989年7月3日生まれ。広島県出身。崇徳高校→中央大学→日本生命→ロッテ。

松井裕樹

【桐光学園高校→楽天】
2013年ドラフト1位〔投手〕

プロ入り時点での評価&特徴

○ドラフトでは5球団が競合した逸材。桐光学園2年だった12年の夏の甲子園1回戦、今治西高戦で22三振を奪って完封。一躍スターダムにのし上がった。
○勝負球はスライダーとチェンジアップ。とくにスライダーはブレーキと縦割れが「超高校級」という言葉でも表現しきれないほどの威力を秘める。
○3年夏の神奈川県大会・準々決勝の横浜高戦ではスライダーの制球が安定せず、高濱祐仁（→日本ハム）、淺間大基（→日本ハム）にストライクをとりにいったストレートをホームランされた。課題は変化球の制球力アップ。

プロ入り後の推移＆実績

過去5年間の奪三振率は11・12。半面コントロールは不安定で、通算与四球率は4・62。高校時代に猛威を振るった縦変化のスライダーとチェンジアップで相手打者を圧倒する姿に大きな変化はないが、唯一、高校時代と異なるのが投球に要するタイム。モーションを起こしてからボールがキャッチャーミットに収まるまでのタイムが高校時代は1・8秒程度だったのがプロ入り後は2秒を超えている。相手の動きを見ながら投げられるようになったということで、これは大きなプラス変化である。

また18年9月27日のロッテ戦に4年ぶりの先発を果たして5回を投げて勝ち投手になっている。10月4日の日本ハム戦でも先発し、6回を投げて負け投手になっているが14三振を奪う力投を見せ、特徴は失われていない。則本昂大がメジャーに移籍することを見込んだ先発復帰という見方もできる。19年は松井の新たな魅力が発信されそうだ。

基本プロフィール
1995年10月30日生まれ。神奈川県出身。桐光学園高校→楽天。

大瀬《おおせ》良《ら》大地

【九州共立大学→広島】
2013年ドラフト1位 【投手】

プロ入り時点での評価&特徴

○ドラフトで3球団が競合。文字どおりの即戦力投手で、筆者の中では新人王は大瀬良で決まりだと確信。

○ストレートの最速は153キロ。速球派という評価が先行しているが、リーグ通算の与四死球率も2・39と抜群で、球が速いだけの投手ではない。

○取材した印象は優等生。人から嫌われる要素がまったくなく、相手に気を使いすぎではないかと心配になるくらい。もっとふてぶてしくていいと思うが、キャリアを積めば自然とそういうオーラは出てくると思う。

プロ入り後の推移＆実績

九州共立大4年の大瀬良を取材して爪が割れやすいという話を聞いた数日後、「爪の話は書かないでください」というメールがきた。選手から手紙やメールをもらうのは滅多にないので強く印象に残ったが、プロ野球選手になろうとする人間がそんなに弱気でいいのかと思ったので14年版『問題だらけの12球団』には「相手に気を使いすぎではないかと心配になるくらい～」と書いた。新人年の14年に10勝8敗を挙げ新人王を獲っても大瀬良に対する不安は残り、一軍に定着していた15年～17年も安心して見ていられなかった。

そういう不安がなくなったのは18年のシーズンを終えてからだ。15勝7敗、防御率2・62で最多勝と最高勝率に輝いただけでなく、以前のような頼りなげな表情がなくなったのだ。自身最多の与死球4とコントロールのよさを表す与四球率2・03の矛盾。この数字の中に大瀬良の成長がよく読みとれる。

基本プロフィール
1991年6月17日生まれ。長崎県出身。長崎日大高校➡九州共立大学➡広島。2014年に新人王、2018年に最多勝、最高勝率のタイトルを獲得。

田中広輔

【JR東日本→広島】
2013年ドラフト3位［内野手］

プロ入り時点での評価&特徴

○まず走守に注目したい選手。打者走者としては全試合、足を緩めず全力疾走するところに真価がある。
○守備もいい。プロの選手のように観客やスカウトの目を意識してプレーしているようにも見える。それが嫌味にならないところに洗練されたセンスを感じる。
○バッティングでは一本足のときの長い滞空に特徴がある。後ろ手（左手）が強く、バットをかぶせて打ちにいくという悪癖がある。もっと引き手を意識したほうが好結果を生むのではないか。

プロ入り後の推移&実績

13年に広島から3位指名されたときの171センチ、80キロが、現在は171センチ、85キロになっている。わずか5キロの差だが、見た目には大人と子どもの違いくらいに感じる。JR東日本時代との差をもっとも強く感じるのがこの体格だ。1年目に規定打席に到達していないが打率・292で一軍に定着し、2年目の15年から18年まで149安打以上放ち、16年～18年の過去3年は全試合に出場、盗塁数は20以上を記録している。この3年間、チームはリーグ優勝を飾っているので田中の成長とチームの躍進が一体化しているのがわかる。

17年の出塁率・398、盗塁35、18年の三塁打10がリーグ1位だった。いずれも俊足がなければ達成できなかった記録だ。またショートとしては17年の守備機会（刺殺＋補殺＋失策）が京田陽太（中日）に次いでリーグ2位の690だった。菊池涼介と組む1、2番コンビまで含め、走攻守の3部門でチームを牽引している。

基本プロフィール

1989年7月3日生まれ。神奈川県出身。東海大相模高校→東海大学→JR東日本→広島。2017年に盗塁王、最高出塁率のタイトルを獲得。

秋吉亮

【パナソニック→ヤクルト】
2013年ドラフト3位［投手］

プロ入り時点での評価&特徴

○非常に個性的なサイドハンド。
○大学時代から左肩の早い開きに特徴があり、投げにいくときに上体が浮き上がる原因となる狭いステップ幅、ヒジの立ちや緩いアーム式の腕の振りなど、数々の技術的欠点がある。
○最速148キロの速球を果敢に内角に投げ込んでくるアグレッシブな投球スタイルには見どころがある。

プロ入り後の推移＆実績

18年オフに「高梨裕稔、太田賢吾（日本ハム）↕秋吉亮、谷内亮太（ヤクルト）」のトレードが決まった際、斎藤佑樹（当時、早大）が高校時代に秋季東京大会で対戦したことのある秋吉（当時、足立新田高）を評して「いいピッチャーだった」といったことから改めて脚光を浴びた。ヤクルト時代の実績を振り返れば実働5年で19勝17敗34セーブ67ホールドを挙げ、17年にはWBCの日本代表に選ばれているので、プロでの実績は秋吉のほうが上だ。

サイドスローらしくスライダー、シンカーという逆方向の変化球を操り、さらに150キロに迫るストレートを、左肩を思いきり開いて腕を振って投げる、と書けば制球力に問題がありそうだが、通算の与四球率は2・56と安定している。それでいて15年、16年には70イニング台で死球を6個与えている。ボールが背中のほうからくる右打者にはとくに怖い球筋だ。過去2年、登板数が43、35と減っているのが不安材料だ。

基本プロフィール
1989年3月21日生まれ。東京都出身。足立新田高校↓中央学院大学↓パナソニック↓ヤクルト↓日本ハム。

小林誠司《せいじ》

【日本生命→巨人】
2013年ドラフト1位［捕手］

プロ入り時点での評価&特徴

○取材時の理性的な受け答えに、さすが社会人ナンバーワン捕手といわれるだけのことはあると感心した。
○好捕手がそろう社会人選手の中でも、小林ほどコンスタントに高レベルの二塁送球を繰り返す捕手はいない。とくに日本生命入りしてからは、強肩をこれでもかとアピールする貪欲さも見られるようになった。
○ポスト阿部慎之助の有力候補だが、2人のあいだの10歳という年齢差が悩ましい。今季35歳の阿部があと3年マスクをかぶり続けると小林は28歳までレギュラーを奪取できないことになってしまう。

プロ入り後の推移&実績

ドラフト前から打撃より守備が高く評価されていた。1年目は63試合に出場して28安打、2年目は70試合に出場して40安打。即戦力の働きが期待されていたので首脳陣は不満だっただろう。3年目の16年にはじめて試合出場数が100を超え（129）、それ以降も138試合、119試合と大台超えが続いた。ほぼレギュラーといっていいが、打率は2割台前半を低迷し、盤石のレギュラーというほどの信頼感はなかった。それが17年のWBCでは全7試合にスタメン出場し、打率・450を記録。

このときスタメン出場を譲らなかった炭谷銀仁朗（当時、西武）がFA制度を活用して巨人入りし、19年はレギュラーの座を脅かされるのだからプロは怖い。目立った記録は16年以降、リーグ1位の盗塁阻止率を誇っていること（チーム試合数の半数以上を対象）。パ・リーグの〝甲斐キャノン〟にディフェンスで対抗できるセ・リーグ唯一の選手で、二塁送球タイムは最速で1・8秒台を計測する。

基本プロフィール

1989年6月7日生まれ。大阪府出身。広陵高校→同志社大学→日本生命→巨人。

田口麗斗《かずと》

【広島新庄高校→巨人】
2013年ドラフト3位［投手］

プロ入り時点での評価＆特徴

○腕が体に密着したフォームで投げる左のオーバースロー。ストレートの最速は147キロ。
○甲子園を懸けた広島大会決勝で瀬戸内高の山岡泰輔（16年オリックス1位）と2日間にわたる投手戦を展開。初日は延長15回を投げ抜き、0対0の引き分け。翌日の再試合で敗れたが、この試合で一気に評価を高めた。
○しなやかな腕の振りや右肩が開かないフォームなど技術的なレベルの高さがあるので、3年目くらいで一軍昇格が可能ではないか。

プロ入り後の推移＆実績

2年目の15年に3勝5敗で一軍デビュー、翌16年には26試合に登板して10勝10敗、17年はすべて先発登板して13勝4敗、これほど順調にステップアップしていくとは思わなかった。171センチ、85キロという小兵だが、投げ方は堂々とした本格派。それでいてストレートは130キロ台が多く、横変化のスライダーとフォークボールを交えた左右、高低の揺さぶりを持ち味にする。

広島新庄高3年夏の広島大会決勝で投げ合った瀬戸内高OB、山岡泰輔（オリックス）とは18年6月2日の交流戦で、先発同士で投げ合い、1対1のまま山岡は6回、田口は5回3分の1を投げて、ともに勝敗はつかずに降板した。2人にとってお互いの存在は〝宿命のライバル〟といっていいのかもしれない。山岡は金子弌大、西勇輝が抜けたあとのエース、田口は菅野智之に次ぐ先発の柱としての活躍が期待される。172センチの山岡とともに、「投手の価値は上背じゃない」を発信できる選手。

基本プロフィール
1995年9月14日生まれ。広島県出身。広島新庄高校→巨人。

梅野隆太郎

【福岡大学→阪神】
2013年ドラフト4位［捕手］

プロ入り時点での評価&特徴

○もっと上位で指名されると思っていた。2013年のドラフトで阪神が指名した6選手のうち、即戦力だといえるのは梅野だけ。
○日米大学野球選手権の最終戦で4打数2安打2打点と活躍。日本チームを勝利へと導いた。
○捕手としての能力の高さは肩の強さにしっかりと表れている。阪神の首脳陣は臆病風に吹かれず梅野を抜擢してほしい。

プロ入り後の推移&実績

即戦力候補だったが、100試合に出場したのはプロ4年目の17年で、シーズン100安打を記録したのは18年だから期待を大きく下回った。とくに2、3年目は守備率が9割8分台、盗塁阻止率が・233〜・250まで落ち込み、出場数も56、37試合にとどまった。17年は前年に突如ブレークした原口文仁が捕手から一塁にコンバートされたこともあり112試合に出場し、守備率が・994に向上、盗塁阻止率・379もリーグ2位だった。金本知憲監督の若手抜擢が追い風になったことは否めない。

翌18年はキャリアハイとなる打率・259、安打100で打撃面でも成長を見せ、盗塁阻止率・320は前年に続き、小林誠司（巨人）に次ぐセ・リーグ2位だった。打って守れる捕手が待望されている今、梅野は森友哉（西武）、會澤翼（広島）と並ぶ攻撃型キャッチャーの候補。18年に90安打以上記録した森友哉（西武）、田村龍弘（ロッテ）、會澤翼（広島）と比較して、OPS・724は會澤、森に次いで第3位だった。

基本プロフィール

1991年6月17日生まれ。福岡県出身。福岡工大城東高校→福岡大学→阪神。

外崎修汰《とのさきしゅうた》

【富士大学→西武】
2014年ドラフト3位［内野手］

プロ入り時点での評価＆特徴

○北東北大学リーグで、首位打者、最多打点、最多盗塁、ベストナインなど数々のタイトルを獲得しているユーティリティプレイヤー。
○俊足が最大の持ち味。明治神宮大会の創価大戦では、右打者ながら一塁到達タイムが4・17秒を記録。
○バッティングや守備に特別目をみはるものはない。ただし、大学4年秋のリーグ戦で自身最高の打率・432を記録し、首位打者、ベストナインなどを獲得。精神面の充実を感じさせる。

プロ入り後の推移&実績

中肉中背の体格と3位指名ということで大きな期待はなく、内野全般を便利使いされる選手だと思っていた。新人年の15年が18安打、16年が9安打で、守備は15年が「三塁6、遊撃34」、16年が「二塁2、三塁12、遊撃20」なので予想どおりだったが、17年に安打113、本塁打10、盗塁23、守ったポジションは「二塁50、三塁27、外野118」と外野も兼務するようになり、打撃成績はバランスよくスケールアップしているのがわかる。そしてこの年のオフに行なわれた第1回アジアプロ野球チャンピオンシップ2017に選出されると打率・462をマークし日本の初優勝に貢献、MVPに選出されている。

18年は打率・287、安打130、本塁打18、打点67、盗塁25で完全に主力として定着し、実家がリンゴ園を営んでいることから〝アップルパンチ〟の異名まで付いている。チームでは浅村栄斗が移籍したあとの二塁を守るが、選手の登録が24人になる20年の東京五輪では従来どおり内・外野を守るユーティリティプレーヤーとしての活躍が期待される。

基本プロフィール

1992年12月20日生まれ。青森県出身。弘前実業高校→富士大学→西武。

有原航平

【早稲田大学→日本ハム】
2014年ドラフト1位［投手］

プロ入り時点での評価&特徴

○故障を持ち越してのプロ入りとなったが、大器であることは間違いない。
○ストレートの最速が156キロと速く、「これは打てない!」という圧倒的な投球をするが、そのじつ変化球を交えた緩急に持ち味があり、タイプ的には大谷翔平というよりダルビッシュ有に近い。
○日本ハムで求められている役割は、大谷がメジャーに旅立った後のエース。そのためにはストレートの速さにもっと貪欲になっていい。

プロ入り後の推移＆実績

シーズンごとに成績が乱高下する投手は多いが、有原は登板ごとに成績が乱高下する傾向がある。１５０キロ台中盤を計測するストレートは速く、制球力は通算与四球率２・07が示すように安定している。それでも成績が安定しないのだ。18年を例に挙げると、７月９日のソフトバンク戦は７回を投げて１失点だったのが、８月21日の同カードは６回３分の２を投げて10失点。また７月16日にはオリックス相手に完投していたのが、９月15日の同カードは６回を投げて４失点して負け投手になっている。

大谷翔平がエンゼルスに移籍した今、エース候補の筆頭は有原である。しかし、２年目の16年に11勝９敗、防御率２・94を挙げた以外の３シーズン、防御率は４・５以上を低迷している。スライダー、フォークボールなどの変化球も多彩でキレがいいので不安定さの原因はメンタル面にあるといってもよく、早い改善が望まれている。

基本プロフィール
１９９２年８月11日生まれ。広島県出身。広陵高校→早稲田大学→日本ハム。

中村奨吾

【早稲田大学→ロッテ】
2014年ドラフト1位［内野手］

プロ入り時点での評価＆特徴

○「脚力のある内野手が欲しい」という理由でロッテが1位指名。
○大学4年になって成績が低迷したが、それ以前の実績は十分。右打者としてはプロでも上位クラスの脚力を持ち、バッティングもいい。
○大学2～3年時の調子が戻っていれば、プロ1年目からレギュラーを奪取する可能性もある。

プロ入り後の推移＆実績

14年のドラフト1位選手。翌年から15年平沢大河、17年安田尚憲、18年藤原恭大と野手の1位指名が続いていくが、その発端になった。早稲田大3年の春には三塁打を放ったときの三塁到達が11・31秒を記録したこともある俊足。守備もいい。18年は規定試合以上を満たした中でリーグ1位の守備率・993を記録。また守備機会（刺殺＋補殺＋失策）821は2位浅村栄斗の703を大きくしのぎ、ゴールデン・グラブ賞を受賞している。

1年目の15年から100試合に出場し、即戦力の期待に応えているが、シーズン100安打を放ったのは18年がはじめて。前年の11盗塁が一挙に39まで伸び、44個でタイトルを獲った西川遥輝（日本ハム）、34個の源田壮亮（西武）と盗塁王を争った。井口資仁監督が「トリプルスリーを狙える」といったこともあるバランスのとれたプレースタイルで、18年は「3番・二塁」が定着している。ちなみに、早稲田大では通算11本塁打を放つスラッガーでもあった。プロでの最多は17年の9本塁打。倍増してもおかしくない。

基本プロフィール
1992年5月28日生まれ。兵庫県出身。天理高校→早稲田大学→ロッテ。

安《あん》樂《らく》智《とも》大《ひろ》

【済美高校→楽天】
2014年ドラフト1位［投手］

プロ入り時点での評価&特徴

○高校2年夏の愛媛県大会でストレートの最速が157キロを計測。高校野球の長い歴史において、大谷翔平に次ぐ速球投手。

○ストレートはたしかに速いが緩急に欠けており、甲子園では速球が狙い打たれた。高校2年の秋に右ヒジを故障し、3年になっても完治していない。

○いくつか不安要素はあるが、素材は群を抜いており、理詰めで投球を振り返ることができるところは非凡。

プロ入り後の推移＆実績

18年12月下旬、新潟県高野連が19年の春季新潟大会で投手の球数制限を導入することを決めた。このニュースを耳にして真っ先に思い浮かべたのが安樂だ。済美高2年夏の愛媛大会でストレートが最速157キロを計測した本格派が、プロ入り後は1勝→3勝→1勝と低迷し、18年は2試合に登板、0勝2敗、防御率10・13でシーズンを終えている。高校2年時に出場したセンバツ大会で準優勝するが、安樂は5試合に登板し、球数は772球に達した。これに反応したのがスポーツ医学の発達したアメリカで、「正気の沙汰ではない」と報じた媒体もあった。

今季23歳を迎えるので可能性は依然として秘めている。ストレートの速さは140キロ台になってもスライダー、フォークボールを交えた揺さぶりは健在で、与四球率2・83が示すように制球力も安定している。大学を卒業して入団した選手と同じ年齢なので焦ることはないが、若手という座に安住できない年齢でもあることも確かだ。

基本プロフィール
1996年11月4日生まれ。愛媛県出身。済美高校→楽天。

岡本和真《かずま》

【智弁学園高校→巨人】
2014年ドラフト1位〔内野手〕

プロ入り時点での評価&特徴

○高校通算73本塁打。差し込まれたように見える位置でボールをとらえ、押し込んで広角に打ち分けるという得がたい長所を持つ。
○甲子園の佐野日大戦では、田嶋大樹（17年オリックス1位）のスライダーをセンター前にはじき返すなど全国レベルの好投手を攻略している。
○一軍への定着は4年後と予想。プロの世界でモノになったときのスケールは清原和博クラス。

プロ入り後の推移＆実績

のちの一流選手の指標ともいえるファーム1年目に200打数を超え、打率・258（安打62）を記録した。ファーム2年目は打率・261、安打94、本塁打18、打点74を記録して、長打率は・494。この成績なら3年目は一軍で40安打以上しているのが一流選手のプロセスだが、3年目となる17年の一軍成績はわずか15試合に出場して6安打を放っただけ。やはり若手の抜擢が苦手な巨人ではスタートが遅れるのかと思った18年、突如として覚醒した。

18年シーズンは、全試合に出場して打率・309、安打167、本塁打33、打点100を記録。OPS（長打率＋出塁率）・935は一流の証といっていい。また、ペナントレースの最終戦、10月9日の阪神戦を前にして打点は100に3つ足りない97だった。それが第4打席でソロホームランを放ち98にし、8回表の第5打席で2ランホームランを放ち100に乗せた。この勝負運はのちに語り草になるかもしれない。「巨人の4番」というより、「東京五輪の4番」が岡本に与えられた新たなミッションだ。

基本プロフィール
1996年6月30日生まれ。奈良県出身。智弁学園高校→巨人。

山﨑康晃

【亜細亜大学→ＤｅＮＡ】
２０１４年ドラフト１位［投手］

プロ入り時点での評価＆特徴

○投球スタイルはフォームも含めて亜細亜大で2学年上にいた東浜巨（ソフトバンク）に似ている。ピッチングの特徴として、ツーシームが多い。というより、フォーシーム（ストレート）が非常に少ない。
○明治神宮大会や国際大会では、抑えとして適性を見せている。
○抑えの人材難に苦しんでいるＤｅＮＡにとって、山﨑の抑え定着はチームを作り変える力になる可能性がある。

プロ入り後の推移＆実績

リリーフなら活躍できると思っていた。先発だと東浜巨（ソフトバンク）直伝のツーシームに頼りすぎて緩急の組み立てにならず、大学生相手なら抑えられてもプロ相手では厳しいだろうと想像できた。それがプロ入り後はリリーフとして起用され、ストレートの比率が増した。1年目の15年は58試合に登板して2勝4敗37セーブ、防御率1・92を挙げ、守護神に定着。2年目は夏場に調子を崩し防御率が3・59まで下がったが、33セーブを挙げてチームの11年ぶりのAクラス入りに貢献した。

ピッチングの特徴は奪三振の多さ。通算の奪三振率は10・45を記録、17年は11・51に達している。勝負球のツーシームとストレートを交えた緩急が生命線で、大学時代に投げていたスライダーを今はほとんど投げない。日本人に少なくなった抑えを任せられるリリーフ投手で、18年は37セーブを挙げて最多セーブに輝いている。

基本プロフィール
1992年10月2日生まれ。東京都出身。帝京高校→亜細亜大学→DeNA。2018年に最多セーブのタイトルを獲得。

多《た》和《わ》田《た》真《しん》三《さぶ》郎《ろう》

【富士大学→西武】
2015年ドラフト1位［投手］

プロ入り時点での評価&特徴

○大学1年のときから全国大会で活躍。ストレートは打者のバットを押し返すようなボリューム感がある。
○中部商業（沖縄）時代からプロ注目の選手だった。阪神が下位での指名を予定していたが、松田遼馬（波佐見高）を5位指名したため枠がなくなり見送りになった、との噂がある。
○ストレートが速くて三振がとれる。入団する西武投手陣の中でもっとも抑え適性がある投手といえる。

プロ入り後の推移&実績

富士大1年秋に行なわれた明治神宮大会、国際武道大戦でノーヒットノーランを演じ、注目を集めた。そのピッチングの最大の特徴は球界屈指の7足とも7足半ともいわれるステップの広さ。これによってボールを放すリリース点が前になり、打者はあっというまにボールと直面するような圧迫感を受けることになる。

1年目に18試合に登板して7勝5敗、2年目に16試合に登板して5勝5敗、防御率は4・3点台から3・4点台に推移。それが18年には最多勝となる16勝5敗を記録し、一躍エース格にのし上がる。リーグ3位の与死球11でわかるように積極的に内角を攻める。それが通算防御率3・86という不安定さにつながっていくのだが、投球フォームのリリースの近さも相まって打者には怖いピッチャーといっていい。入団時の先輩、岸孝之、野上亮磨、菊池雄星が順に移籍して、今年は若い今井達也、松本航たちをけん引する立場になった。

基本プロフィール

1993年4月13日生まれ。沖縄県出身。中部商業高校→富士大学→西武。2018年に最多勝のタイトルを獲得。

吉田正尚《まさたか》

【青山学院大学→オリックス】
2015年ドラフト1位［外野手］

プロ入り時点での評価&特徴

○身長173センチと小柄ながらも、思いきりのよいフルスイングに特徴があるスラッガー。
○東都では2部リーグの所属だったが、にもかかわらず大学日本代表では3番、4番を務め、大舞台での活躍が目立つ。
○守備、走塁もよく、どこから見ても即戦力の雰囲気が漂う好選手。

プロ入り後の推移&実績

腰がねじ切れるようなフルスイングが持ち味のプルヒッターは、16年、17年とたて続けに故障で欠場を余儀なくされ、出場数は63試合、64試合にとどまった。それでも打率が・290、・311と高く、ホームランも10本、12本と2ケタ打っている。3年目の18年ははじめて全試合に出場し、打率・321、本塁打26、打点86で初のベストナイン（外野手として）に輝き、OPS（長打率＋出塁率）は・956を記録。これは柳田悠岐（ソフトバンク）、山川穂高（西武）に次ぐリーグ3位の記録である。

特筆すべきは18年交流戦での活躍だ。18試合中16試合でヒットを放ち、打率・397（3位）、本塁打3、打点10を記録、得点圏打率・500は12球団中1位タイ記録だった。この活躍でMVPに輝くが、これは10年のT－岡田の受賞以来、チームとして8年ぶりの快挙。17年8月にしばらく続いた2番での起用を、個人的には再現してもらいたい。

基本プロフィール
1993年7月15日生まれ。福井県出身。敦賀気比高校→青山学院大学→オリックス。

源田壮亮《そうすけ》

【トヨタ自動車→西武】
2016年ドラフト3位［内野手］

プロ入り時点での評価&特徴

○筆者が観戦した都市対抗野球ではいずれも9番でスタメン出場。打順からわかるとおり、バッティングを期待されている選手ではない。
○バットがダメなら足と守備でチームに貢献しよう、という気持ちが見える選手。打者走者としての一塁到達タイムはプロでも上位クラス。内野守備では猛烈に速い動きを見せて打者をアウトにする。
○遊撃のレギュラーがいない西武だけに、いきなりの抜擢も十分に考えられる。

プロ入り後の推移＆実績

全国の舞台で注目されたのは社会人2年目の16年、社会人の大舞台、都市対抗である。優勝したトヨタ自動車の9番・遊撃手として活躍し、大会後には大会優秀選手に選出されている。ちなみに、この大会の若獅子賞（新人賞）は現在、ロッテの遊撃手として活躍する藤岡裕大で、このときはトヨタ自動車の外野手だった。亜細亜大のうまい遊撃手だった藤岡でもトヨタ自動車には源田がいたので外野にコンバートされ、源田のプロ入りで空いた遊撃に戻り、ロッテでもそのまま遊撃手として1年目から活躍している。

プロ1年目の17年、打率・270、安打155、盗塁37などが評価され新人王に輝く。遊撃手としての守備機会（刺殺＋補殺＋失策）730は他の選手を大きく上回っていたのでゴールデン・グラブ賞も今宮健太（ソフトバンク）より源田のほうがふさわしいと思っていた。翌18年は同賞を獲得、名実ともに球界を代表する名ショートになった。

基本プロフィール

1993年2月16日生まれ。大分県出身。大分商業高校→愛知学院大学→トヨタ自動車→西武。2017年に新人王獲得。2018年にはNPB遊撃手の最多補殺記録を70年ぶりに更新しゴールデン・グラブ賞を受賞。

大山悠《ゆう》輔《すけ》

【白鷗大学→阪神】
2016年ドラフト1位［内野手］

プロ入り時点での評価&特徴

○全国的には無名で、ドラフト1位で指名された直後には阪神ファンのバッシングに遭ったが、その実力は折り紙つき。
○ハイレベルな関甲新学生リーグで通算119安打、16本塁打、93打点と結果を残しており、とくに本塁打8本を4年春に記録（リーグ新記録）しているのは注目に値する。
○一定の走力があり、守備（三塁・遊撃）もいい。打てないときは守りで返すという精神が試合中のプレーからかいま見える。

プロ入り後の推移＆実績

金本知憲監督の強い主張が受け入れられて1位入札された。即戦力だとは思わなかったが、3年先くらいにはチームの主力になれると思っていた。1年目の17年は打率・237、本塁打7、打点38、2年目は打率・274、本塁打11、打点48と少しずつ上昇している。成長の陰に近鉄で本塁打王、打点王に輝いたことのある中村紀洋の野球理論「N's method」を動画で見て参考にしたというのは有名な話。

過去2年間で強い印象を残したのは17年のCS（クライマックスシリーズ）ファーストステージDeNAとの第2戦だ。先発した今永昇太からヒットと本塁打、続く第3、第4打席でも二塁打を放ち、合計5打数4安打3打点を挙げているのだ。このときは一塁を守り、シーズンでも一塁が主体だったが、18年は三塁を104試合守り、近い将来に備えている。打者のタイプとしては、ホームランを量産する可能性がある選手である。

基本プロフィール
1994年12月19日生まれ。茨城県出身。つくば秀英高校→白鴎大学→阪神。

清宮幸太郎

【早稲田実業高校→日本ハム】
2017年ドラフト1位［内野手］

プロ入り時点での評価&特徴

○ドラフトでは高校生野手としては最多タイの7球団が競合。人気、実力とも兼ね備えた「10年に1人」の強打者。

○高校通算111本塁打の何が凄いかというと、ほとんどスランプなく打ち続けているところ。とくに公式試合で放った29本塁打は、いずれも強豪校が相手。課題とされている守備、走塁も過剰に問題視されているように思える。

○ポジションが重なる中田翔がFAせず日本ハムに残留したことで「猶予期間」が与えられたことも清宮には幸運。

プロ入り後の推移＆実績

1年目となる18年は高校通算歴代1位のホームラン男の片鱗を見せてくれた。イースタンリーグでは和田恋《れん》（巨人）の18本に次ぐ17本塁打を放ち（ヤクルトの村上宗隆と同数）、通算成績は規定打席未到達ながらOPS・930という高さだった。一軍では5月9日のオリックス戦でディクソンから推定飛距離130メートルの大きい一発を放っている。この日は内川聖一（ソフトバンク）が2000安打を放っているが、東京の日刊スポーツはこの記事を2～4面に追いやり、表裏1面を縦に使う異例の紙面で清宮のホームランを報じている。

18年6月28日に行なわれた四国アイランドリーグ選抜との交流戦では6回、7回に2本のホームランを放っているが、この日は5打席立って見逃しのストライクが1つもなかった。7月12日のフレッシュオールスターでは3番・指名打者でスタメン出場し、第2打席で藤嶋健人（中日）からライトにソロホームランを放っている。きわめて順調にプロ1年目を送った怪物にファンが求めるのはホームラン王のタイトル。私は近いと思う。

基本プロフィール
1999年5月25日生まれ。東京都出身。早稲田実業高校↓日本ハム。

著者略歴――
小関順二　こせき・じゅんじ

スポーツライター。1952年神奈川県生まれ。日本大学芸術学部文芸学科卒業。プロ野球のドラフト（新人補強）戦略の重要性に初めて着目し、野球メディアに「ドラフト」というカテゴリーを確立した。2000年より年度版として刊行している『プロ野球問題だらけの12球団』シリーズのほか、『甲子園怪物列伝』『「野球」の誕生　球場・球跡でたどる日本野球の歴史』（いずれも草思社）、『ドラフト未来予想図』（文藝春秋）、『野球力　ストップウォッチで判る「伸びる人材」』（講談社＋α新書）、『間違いだらけのセ・リーグ野球』（廣済堂新書）、『プロ野球戦国時代！』（学陽書房）、『大谷翔平　日本の野球を変えた二刀流』（廣済堂出版）など著書多数。CSテレビ局スカイAが中継するドラフト会議の解説を1999年以降、フレッシュオールスターゲームのゲスト解説を2010年以降務めている。15年4～7月に、旧新橋停車場鉄道歴史展示室で行われ好評を博した「野球と鉄道」展の監修を務める。
【小関順二ＨＰ】http://kosekijunjihomepage.com/

プロ野球 問題だらけの選手選び
あの有名選手の入団前・入団後

2019年 4 月 1 日　第1刷発行

著　者　小関順二
デザイン　大場君人
発行者　藤田　博
発行所　株式会社 草思社
〒160-0022　東京都新宿区新宿 1-10-1
電話　営業 03(4580)7676　編集 03(4580)7680

本文印刷　株式会社三陽社
付物印刷　株式会社暁印刷
製本所　株式会社坂田製本

ISBN978-4-7942-2389-0 Printed in Japan　検印省略

章扉頁写真　産経新聞社